hito*yume book

筑波大学附属小学校
二瓶弘行の

系統的に育てる説明文の読みの力

～これならできる！ 小学校6年間の指導計画～

筑波大学附属小学校　二瓶弘行の

系統的に育てる「説明文の読みの力」

～これならできる！　小学校6年間の指導計画～

もくじ

国語の力は、生きる力。

教師である私の仕事は、子どもたちに「生きる力」を育むこと。

そして、国語教師である私の仕事は、子どもたちに「言葉の力」を育むこと。

人として生きていくための根幹となる学力「言葉の力」を育むために、

私は、日々の授業をつくる。

第1章

説明文の「読みの力」は系統的に育てよ！

説明文とは？

説明文も物語もどちらも文章だ。一編の文章はたくさんの言葉、たくさんの文からできている。これは、物語も説明文も変わらない。見た目は一緒だ。

文章はただ文が並んでいるのではなくて、まとまりをもっている。

例えば、ある説明文の文の数が三〇だったとしよう。三〇の文は、十二のまとまりでできていることがすぐに見えた。文が集まってまとまりをつくり、次のまとまりをつくるときには、行を変えて一マス空ける。見た目でわかるまとまりを段落といい、内容理解は必要ない。

見た目でわかる段落が、さらに意味あるまとまりをつくっている。この意味あるまとまりを「意味段落」という。意味段落の数は、例えば八つ、例えば六つというように、説明文の長さによって数が違う。

意味段落がいくつかを捉えるには内容理解が必要だ。

そして、同じ「段落」という言葉を使うので、見た目でわかる段落を「形式段落」と呼ぶ。意味段落という用語を教えたら、形式段落も教える。現行の学習指導要領の解説に出てくる用語なので、おさえておこう。

さらに説明文は大きなまとまりからできている。説明文の基本的なまとまりの数は、三つだ。

説明文の基本構成——説明文はいくつかの文章からできており、それは見た目でわかる形式段落で構成されている。形式段落が意味あるまとまり「意味段落」で構成され、さらにそれは「三つの意味ある大きなまとまり」で捉えることを六年間かけて教えよう。

内容理解を伴わなくとも「形式段落はいくつだ」と言える。だから形式的な段落と呼んでいるのだが、

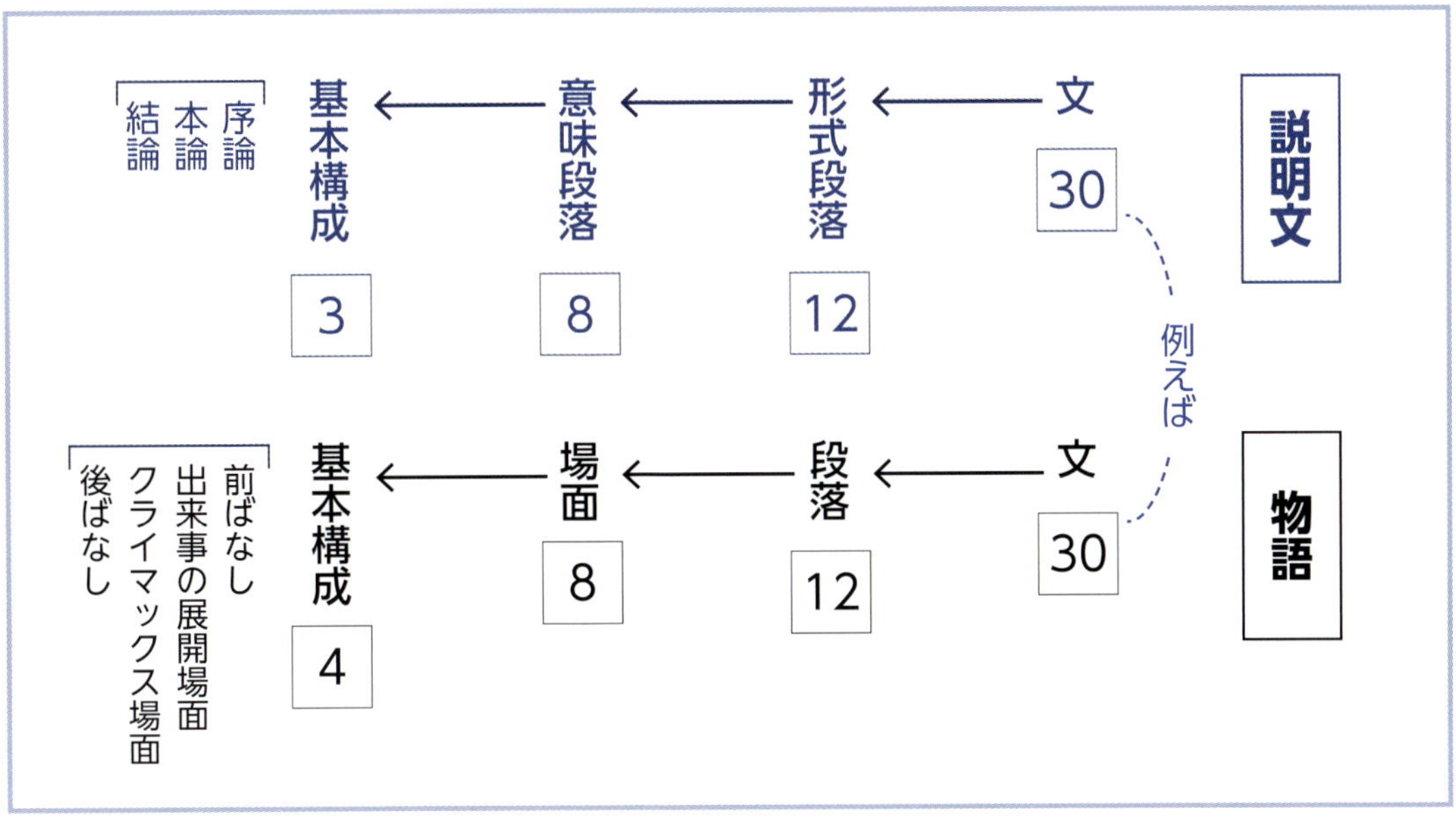

この考え方に批判的な考えもある。

例えば三〇の文が十二の「見た目でわかる段落」をつくるとき、読み手は形で十二と捉えるが、書き手からしたら十二のまとまりに意味をもたせている。意味あって十二にしたのは明らかだ。だから「形式段落という用語そのものがおかしい」、見た目でわかる段落も「意味段落に違いない」という意見にも一理ある。

形式段落から意味段落へと捉えた方が理解しやすいが、形式段落ではなく、「意味ある小さなまとまり」という捉え方をすべきだという考えもおさえておきたい。

物語も見た目は一緒だ。文の数が三〇、形式段落が十二というのは、説明文でも物語でも変わらない。この十二の形式段落からできている文章は、さらにまとまりをもっている。そのまとまりを数えてみたら八つ。

ただし、このとき物語では、その八つのまとまりを「意味段落」という用語でおさえない。形式段落がまとまって、八つの「場面」からできていると教える。

物語は段落意識ではなく、場面意識が大事。

さらに、物語の場合は、基本構成を起承転結の四つで捉える。

系統的な指導がなぜ必要なのか？

教師が説明文で「こんなことを教えるのだ」と思うだけでなく、子どもたち自身が「何のために説明文を学ぶのか？」を自覚するように育てたい。

説明文で学ぶ「言葉の力」を捉え、子どもたちが自分自身で「説明文を読んでやろうじゃないか」と思える学び手になってほしいと願う。

説明文で学ぶ「言葉の力」をあらためて考えてみよう。

説明文には必ず書いた人がいる。一年生で学ぶ短い説明文にも、六年生で学ぶ長い説明文にも、必ず書いた人がいる。書いた人のことを「筆者」という。

大切なことは、「この筆者は、何のためにこの説明文を書いたか」だ。

何のために書いたかと言えば、この筆者には「伝えたいことがある」からだ。

伝えたいことがあって文章を書いている。それが説明文だ。

説明文の書き手のことは筆者と呼ぶが、物語の書き手を筆者とは呼ばない。これは一年生から区別して教える。

物語の場合は筆者ではなくて、「作者」と呼ぶ。これも一年生からおさえておく。

世の中に出たら、説明文と物語の書き手を区別して、筆者と作者を厳密に言い換えたりはしない。でも我々は教えなければいけない。六歳のあの子たちに、我々は六年間かけて教えるのだ。

文字があって、ひらがながあって、片仮名があって、漢字があって、……書き順も含め、文字指導からはじめる。文字が集まって言葉になって、言葉が集まって文ができて、文が集まって段落ができて、段落が集まって、…と教える。六年間かけて、文章の読み方を教えるのだ。

あの幼い子を六年間かけて文章を読める子に育てるために「説明文の書き手は筆者と呼ぶんだよ」「物語の書き手のことは作者と呼ぶんだよ」と厳密に区別しながら教えるのだ。

説明文には筆者がいて、その筆者には伝えたいことがある。読む人、つまり君に「ああ、なるほどそうなのか、わかったよ」と、受け取ってもらいたい。そのために書いたのが説明文だ。

伝えたいことには大きく二種類ある。そのうちの一つは事実。もう一つが意見だ。

ある筆者は、ある事実を伝えたくて、この説明文を書いている。

ある筆者は、事実というよりは、意見を伝えたくて、この説明文を書いている。

また、ある筆者は、事実プラス意見を伝えたくて、この説明文を書いている。

伝えたいことは、事実または意見。事実プラス意見もあることをおさえておこう。

伝えたいことの中心、伝えたいことを短くまとめたものを「要旨」と呼ぶ。これも学習用語として教えよう。

筆者は、なんとなく文を並べていない。なんとなく文をまとめていない。なんとなく意味段落をつくっていない。なんとなく基本構成を考えてはいない。

つまり、伝えたいことを伝えるために、精いっぱいの表現の工夫をしている。これが説明文の大前提であることを六年間かけて教えるのだ。

説明文で学ぶ「言葉の力」

私は、説明文で、次の三つの力を育みたいと思っている。

①「伝えたいこと」を正確に（納得して）受け取る力
②「伝えたいこと」の伝え方について、検討する力
③「伝えたいこと」に対して自分の感想・意見をもつ力

説明文は、筆者が伝えたいことがあって書いている。だから、第一に、**「伝えたいこと」を正確に（納得して）受け取る力**を育みたい。

「正確に」が大事だ。正確に、つまり納得して受け取る力をつけるために説明文の学びがある。

第二に、**「伝えたいこと」の伝え方について、検討する力。**

説明文は、伝えたいために、なんとなく文を並べて書いてはいない。言葉をなんとなく並べてはいない。さまざまな表現の工夫をして書いている。だからこそ「伝えたいこと」の伝え方を学ぼう、ということだ。

表現の良さを考え、表現の工夫そのものを学ぶことはとても大事。これは子ども自身の表現力に使えるからだ。伝え方を検討することは、「このような伝え方で、自分の伝えたいことを書いてみようじゃないか」という表現の学習、すなわち作文指導に直結する。

もう一つ、伝え方を検討する際に大事なのは、改善点を見いだすこと。

この説明文はこんなことを伝えたくて書いているのだろう。その伝えたいことを伝えるために、こんなふうに表現している。

「だとすれば、ここのところを、もう少し詳しく説明してくれたらいいのにな」
「何か足りないんじゃないかな？」
「最後のところがなんだかモヤモヤして、はっきりわからなくなってしまった。なんだかすっきりしないな」など、良さだけではなくて、改善点を含めて、検討する力を育みたい。

第三に、**「伝えたいこと」に対して自分の感想・意見をもつ力。**

筆者の伝えたいことは「こうだろう」と受け取ったよ、「わかったよ」と言えるのは、もし筆者が自分の目の前にいたら、何かを返せるということだ。

何も返せないようだったら、正確に、納得して「伝えたいこと」を受け取ったとは言えない。

「なるほど、そうなの？　新しいことがわかって、なんだかうれしいよ！」だけでもいいから、何か返してあげよう、ということだ。

あるいは、「あなたの言いたいことは、よくわかったよ。なるほどね。でも、私はあなたの考え方とは違うの」「あなたの考え方には反対！」も含めて、自分の感想・意見を返せること。

何かを返せてはじめて、「私はあなたの言いたいことを受け取った」と言える。

この「伝えたいことに対して自分なりの感想・意見を返せる力」は、子どもたちがもっとも苦手とする力だ。そういう授業が足りないのだろうと思うし、評価もしにくい。

例えばテストも「『このように』が指し示すものは何でしょう。書きなさい」とか、「□に入る適切な接続詞を書きなさい」といった「正確に読み取れているか」に関わるものが多い。

「筆者が伝えたいことに関して、自分の考えを二〇〇字で書きなさい」とか「自分の考えをつくって発表し合ってみましょう」といった問題になると、とたんにできなくなる。

文部科学省の『全国学力・学習状況調査』B問題にあるような「一〇〇字で書きなさい」といった問題には無答が多い。実際、書けない。子どもたちは端《はな》から「この問題はパス」と避けて済ませる。

受け取る力、読み取る力は結構鍛えられても、それに対して自分の感想・意見をもって、それをちゃんと表現する、ということになると弱い。我々大人も弱い。

だからこそ、六歳から十二歳のあの子たちに、「自分の感想・意見をもつ力」をつけてあげたい。読み取って終わりでは、力はつかない。

自分の感想・意見をもち、自己表現できるまでに育てる。こうした学びを説明文の授業でやらねばならないと思う。

「伝えたいこと」を正確に（納得して）受け取る力
「伝えたいこと」の伝え方について、検討する力
「伝えたいこと」に対して自分の感想・意見をもつ力

このような力をつけるために、私が低学年からとても大切にしている読み方がある。

次章からは、私が六歳から十二歳までの子どもたちに、どんな教材を使って、どんな教え方をしているのか、私の国語教室の授業づくりを紹介しよう。

第2章

低学年で獲得させたい「読みの力」はこれだ！

学習材：『いろいろなふね』
『はたらくじどう車』
『まほうのぬの「ふろしき」』
『ほたるの一生』

一年生 「説明文の美しいしくみ」を学ぶ①

先に挙げた三つの力を獲得していくために、私の国語教室では、一年生から六年生まで継続的に「三つの大部屋読解法」で説明文を指導している。

三つの大部屋読解法とは、一編の説明文を「はじめの大部屋」「説明の大部屋」「終わりの大部屋」の三つの大きな部屋でできた、一軒の家と考えよう、という読み方だ。

説明文は、その要旨を、読み手に正確に受け取ってほしいと、筆者がさまざまな工夫をして書いている。そのもっとも重要な工夫が、三つの大部屋からできている「美しいしくみ」だ。

優れた説明文は、基本的に、この美しいしくみでできている。三つの大部屋読解法は、優れた説明文の美しいしくみを学ぶということでもある。

私の国語教室でとても大事にしている『いろいろなふね』から学びを始めよう。

いろいろなふね

❶ ふねには、いろいろなものがあります。
❷ きゃくせんは、たくさんの人をはこぶためのふねです。
❸ このふねの中には、きゃくしつやしょくどうがあります。
❹ 人は、きゃくしつで休んだり、しょくどうでしょくじをしたりします。
❺ フェリーボートは、たくさんの人とじどう車をいっしょにはこぶためのふねです。
❻ このふねの中には、きゃくしつや車をとめておくところがあります。

❼ 人は、車をふねに入れてから、きゃくしつで休みます。
❽ ぎょせんは、さかなをとるためのふねです。
❾ このふねは、さかなのむれを見つけるきかいや、あみをつんでいます。
❿ 見つけたさかなをあみでとります。
⓫ しょうぼうていは、ふねの火じをけすためのふねです。
⓬ このふねは、ポンプやホースをつんでいます。
⓭ 火じがあると、水やくすりをかけて、火をけします。
⓮ いろいろなふねが、それぞれのやく目にあうようにつくられています。

（東京書籍『あたらしいこくご』平成二十七年度一年下　編集委員会文）

「説明文」は一軒の家でできている

説明文は「家」であるとイメージして、説明文を読むことを教える。優れた説明文は、美しいしくみで書かれている。美しいしくみをもっているんだ、ということを低学年から順々に教えていく。

一編の説明文は、一つの家だと考えてごらん。
説明文の「おうち」は、なんとなく読むと、屋根があって、外枠があるところまでしかかけない。
ところが、よく読んでみると、説明文の「おうち」は、中が透けて見えるようになる。しっかり読むと、

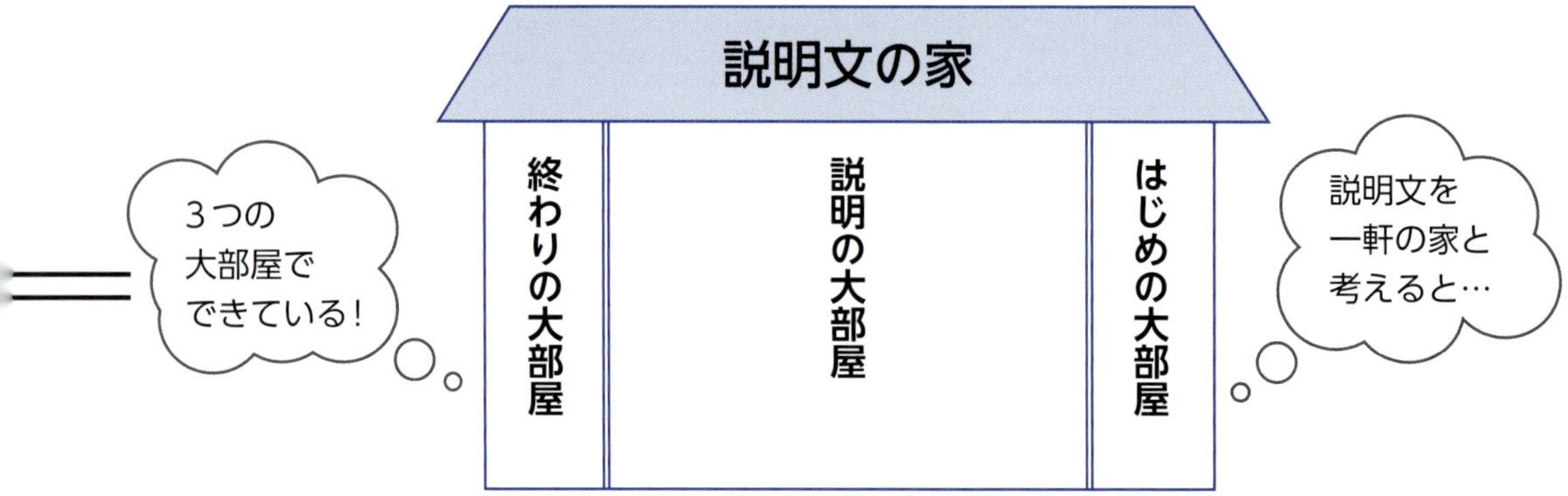

家の中が透けて見えてくるんだ。

どのように見えてくるのかと言うと、三つの大きな部屋からできていることが見えてくる。

いちばん右側は「はじめ」という名前の「大部屋」。「はじめの大部屋」はあまり広くない。

真ん中の大部屋は広い。「説明」という名前の大部屋。

いちばん左側もあまり広くない。「終わり」という名前の大部屋。

こういう三つの大部屋からできているのが見えてくる。大部屋の境は二重線にするよ。

広い説明の大部屋は、さらに見てみると、いくつかの小さな部屋、「小部屋」からできているのが見えてくる。この小部屋の数は、説明文によって違います。例えば、この説明文の説明の大部屋は、四つの小部屋からできているのが見えてきた。

大部屋には「はじめ」「説明」「終わり」と、はじめから名札がかかっています。

ところが小部屋には名札があるけれど、空欄になっている。だから、一つ目の小部屋は「○○の小部屋」、二つ目の小部屋は「○○の小部屋」、三つ目の小部屋は「○○の小部屋」、四つ目の小部屋は「○○の小部屋」というように、小部屋にちゃんと名前をつけてあげよう。

説明文の家は三つの大部屋からできている。

「はじめの大部屋」は何のためにあるのかというと、「はじめの紹介」をしている。それから、「説明の大部屋」は「説明」をする。「終わりの大部屋」は「終わりのまとめ」をする。

そして「説明の大部屋」は、いくつかの小部屋からできている。小部屋には名前をつけることができる。

これが低学年レベルの捉え方だ。

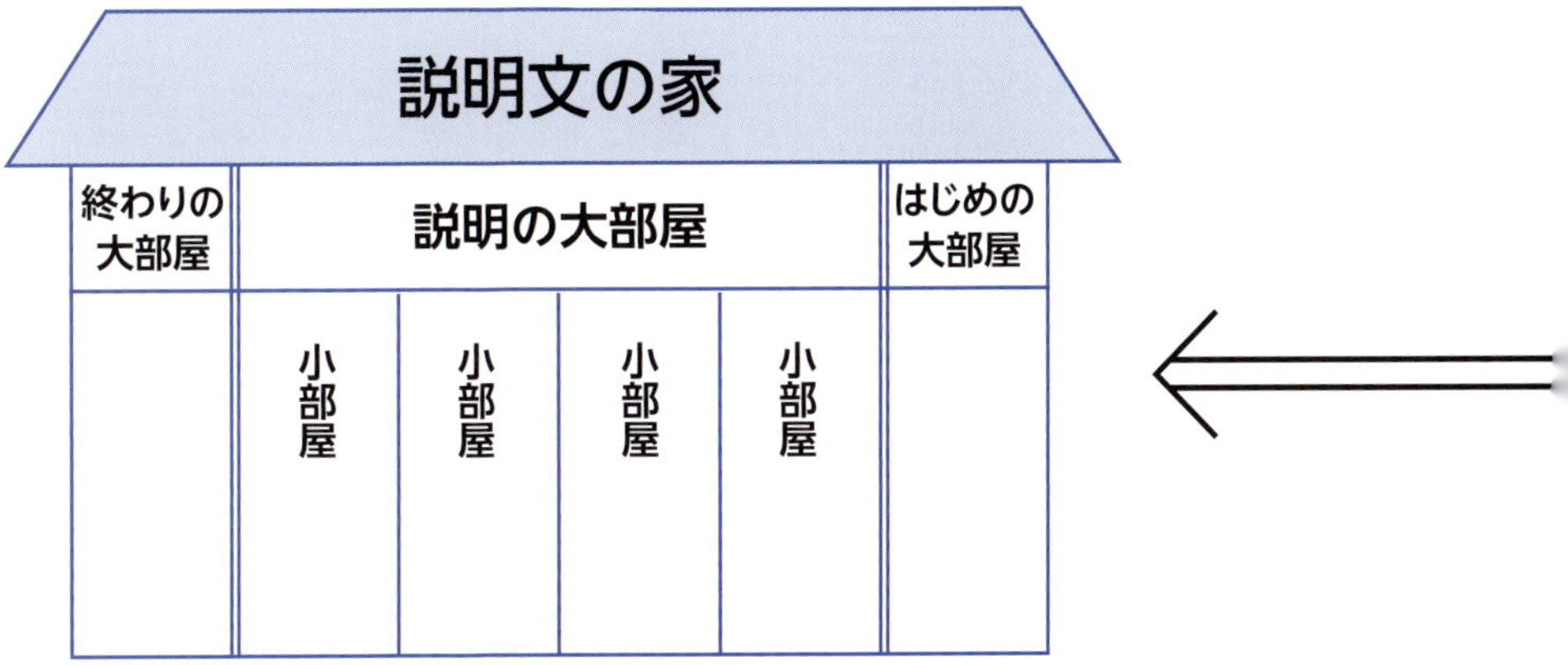

『いろいろなふね』は十四段落。これで家をつくってみようと促す。

まず屋根をつくり、外壁で囲おう。
家と捉えたら、みんなで三つの大部屋を考えてみよう。

一年生レベルで「三つの大部屋を考えなさい」と言うときに大切なのは、「説明の大部屋」がどこから始まってどこまでで終わっているのかを捉えさせること。

「説明の大部屋」の前に「はじめの大部屋」があり、「説明の大部屋」のあとに「終わりの大部屋」がある、と考えさせればいい。

わかりやすく言えば、「説明」の前に、「はじめの言葉」があって、最後に「終わりの言葉」がある。「はじめの紹介」をして、「説明」があって、「説明」のあとに「まとめ」がある、と言ってもいい。

だから、「説明の大部屋」がどこから始まってどこまでで終わるかが、とても大事になってくる。

説明文の題名はなんだった?

『いろいろなふね』

そうだね。『いろいろなふね』だ。だから、筆者はこの文章で、いろいろな船について伝えたいことがあるんだろうね。そう思って読んでいこう。

一年生段階で注意したいのは、まず題名に注目させること。

説明文の題名が『いろいろなふね』だから、筆者は、いろいろな船についての「何か」を伝えたいということがわかる。一回読んで、大部屋を考えたときに、船の名前が出てきたら、つまり、具体的な船の名前が出はじめたら、説明が始まったな、という捉え方で読んでみる。

すると、具体的な名前「きゃくせん」が出てくる❷からが「説明の大部屋」。それまでは「あいさつ」、すなわち「はじめの大部屋」だとわかる。

❷から始まった「説明の大部屋」はどこまで続くか。⓭では消防艇の説明をしているからまだ終わりではないと見当をつけ、⓮が「終わりのまとめ」をしている、というように三つにくくる。これが低学年の捉え方の基本だ。

❶段落が「はじめの大部屋」

❷〜⓭段落までが「説明の大部屋」

⓮段落が「終わりの大部屋」という大きなくくりができた。

三つの大部屋に分けることができたら、次は「説明の大部屋」の中を小部屋に区切っていく。

『いろいろなふね』では、船の名前がいくつ出てきているかな？

「四つ」

すると、❷から⓭の中で、小部屋は四つに分かれそうだね。「一つ目の小部屋」はどこまでかな？

「❷と❸と❹できゃくせんの話をしているよ」

「❺から❼はフェリーボートの話」

「ぎょせんが❽から❿」

「⓫⓬⓭で、しょうぼうていのことを言っているよ」

❷❸❹は客船、❺❻❼はフェリーボート、❽❾❿は漁船、⓫⓬⓭で消防艇の説明がなされていることを確認して部屋を区切る。

大きな区切り、小さな区切りを意識するために、大部屋の区切りは二重線で、小部屋の区切は一本線で引くように指導している。

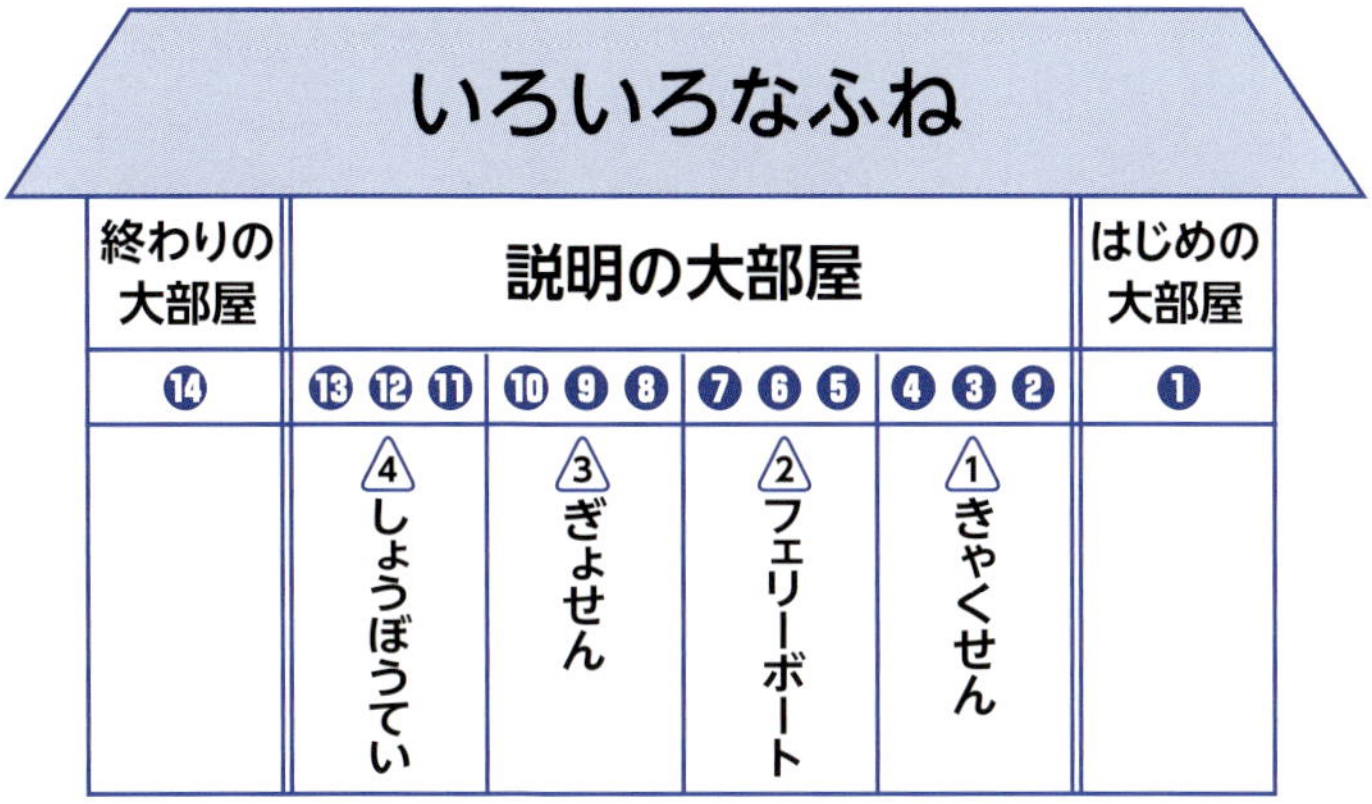

❶が「はじめの大部屋」、❷から⓭が四つの小部屋に分かれた「説明の大部屋」、⓮が「終わりの大部屋」ということは、一年生でも捉えることができる。

小部屋の名前は、説明している船の名前をそのまとめれば、一つ目が「客船」、二つ目が「フェリーボート」、三つ目は「漁船」、四つ目は「消防艇」とつけられる。一年生でも可能だろう。

低学年レベルでは、一単語の名前づけで良しとするが、たとえ一単語ずつの名前であっても、なんとなく流さないことが基本だ。つまり、一つ目の小部屋について、「客船の説明といっているが、本当かどうか」という検討は必要であり、実際の授業でもそれを確かめてから次に進む。

一つ目の小部屋は何を説明しているんだっけ？　名前はなんてつけようか？

「一つ目は、きゃくせんの小部屋」

みんなうなずいているね。❷❸❹は「きゃくせん」の説明をしているということでいいの？

「うん」

「いいよ」

――❷　きゃくせんは、たくさんの人をはこぶためのふねです。

どうしてこれがきゃくせんの説明をしていると言えるの？

「きゃくせんは、と書いているから」

そうか。❸を読んでみるよ。

――❸　このふねの中には、きゃくしつやしょくどうがあります。

きゃくせんという言葉はどこにもないよ。どうしてこれがきゃくせんのことだと言えるの？

「『このふねの中には』だから」

どういうこと？

「『この』は、❷のきゃくせんのことを言っているでしょ」

「『このふねの中には』はきゃくせんの中には、っていうことだから」

なるほど。❸もきゃくせんの説明をしているんだね。

説明文の指示語は大事だ。一年生の段階から、指示語に着目させて、しっかりとおさえてから次に進もう。
❹もきゃくせんに入れたね。ほんとうかな？　読んでみよう。
――❹　人は、きゃくしつで休んだり、しょくどうでしょくじをしたりします。

きゃくせんという言葉はないし、「この」もないぞ。なのに、どうして❹をきゃくせんの小部屋に入れたの？

「きゃくしつというのが❸で出てきたでしょ」

「❹に出てくるきゃくしつ、しょくどうというのは❸に出てくるきゃくしつとしょくどうだよ」

なるほど、だったら「この」を入れてみるとよく通じるな。

――❹　人は、このきゃくしつで休んだり、このしょくどうでしょくじをしたりします。

なるほど、つながっているんだな。だから❹もきゃくせんの小部屋に入れたんだね。

「❺になると、『フェリーボートは』だから、フェリーボートの話になっているとわかるよ」

❸は「この船」と指示代名詞で示し、❷のことをいっているので、これも客船だと捉え直すことが必要だ。❹は「客船」もないし「この」もないけれど、客室・食堂ということからもわかるし、❸のあとを受けて続いているので、これも客船でいいだろう、と再度おさえておく。

❺になると「フェリーボート」の説明に入っているので、小部屋が変わった、と確実におさえていく。なんとなく、さらっと流してはいけない。きちんと本文に戻さないと、子どもたちは勘でやってしまう。子どもたちは、なんとなく三つの大部屋に分け、中は四つだと言うが、それで終わらず、言葉に戻して考えさせ、きちんと捉えさせることが大切だ。

これが低学年レベルの家の捉え方。一年生でおさえるべき学習内容である。

一年生段階では……

一編の説明文を、一軒の家と捉える。

家は三つの大部屋（はじめの大部屋、説明の大部屋、終わりの大部屋）でできている。

説明の大部屋は小さな小部屋からできている。小部屋の名前をつける（一単語で）。

★一年生段階で注意したいのは、まず題名に注目させること。説明文の題が『いろいろなふね』だから、筆者はこの文章でいろいろな船について伝えたいんだ、そう思って読んでいこうと促す。

一年生段階から物語の作者、説明文の筆者を区別して指導するが、この段階であまり教え過ぎないこと。「説明文って面白い」「もっともっと読みたいな」という意欲を喚起することに重点を置く。

二年生「説明文の美しいしくみ」を学ぶ②

説明文の家をつくろう

『いろいろなふね』を学んだあとに、『はたらくじどう車』を見せて、対比させて学ぶと、とても面白い。

私はA3サイズの一枚プリントの上半分に『いろいろなふね』を、下半分に『はたらくじどう車』をプリントして配り、上下を見比べながら授業に使っている。

はたらくじどう車

❶ じどう車には、いろいろなものがあります。どのじどう車も、やくわりにあわせてつくられています。

❷ バスは、おおぜいのおきゃくをのせてはこぶじどう車です。

❸ ですから、たくさんのざせきがあります。つりかわや手すりもついています。

❹ バスは、おおぜいのおきゃくをのせて、きまったみちをあんぜんにはしります。

❺ コンクリートミキサー車は、なまコンクリートをはこぶじどう車です。

❻ ですから、大きなミキサーをのせています。

❼ コンクリートミキサー車は、なまコンクリートがよくまざるように、ミキサーをまわしながら、こうじをするばしょにはこびます。

❽ ショベルカーは、じめんをほったり、けずったりするじどう車です。

❾ですから、ながいうでとじょうぶなバケットをもっています。
❿ショベルカーは、こうじのときに、うでとバケットをうごかして、土をけずり、べつのばしょにはこびます。
⓫ポンプ車は、水をつかってかじをけすじどう車です。
⓬ですから、水をすい上げたり、まいたりするホースをつんでいます。
⓭ポンプ車は、かじばで、いけやしょうかせんからすい上げた水をかけて、火をけします。

（教育出版『しょうがくこくご』平成二十七年度　一年下　編集委員会文）

十三段落の説明文。三つの大部屋は見えただろうか。

「はじめの大部屋」は❶段落。❷から「説明の大部屋」に入ることは一年生でも容易につかめる。

なぜ、❶だけが「はじめの大部屋」で❷からは「説明の大部屋」だという捉え方をしたのかといえば、❷段落からは「バス」という具体的な名前が出ているから。

『はたらくじどう車』という題名から、働く自動車についてわかってほしくて書いた説明文だという大前提。一回読むと、自動車の名前がいくつか出てくることがわかる。

最初に名前が出てくるのはバス。ここから説明が始まったなという考え方ができる。つまりここから「説明の大部屋」にはいったことがわかる。

最初に具体的な名前が出てきたところから説明が始まったな、とわかることが大切。これは一年生の『いろいろなふね』で学んだことだ、と再度おさえる。

いろいろなふね

1 ふねには、いろいろなものがあります。
2 きゃくせんは、たくさんの人をはこぶためのふねです。
3 このふねの中には、きゃくしつやしょくどうがあります。
4 人は、きゃくしつで休んだり、しょくどうでしょくじをしたりします。
5 フェリーボートは、たくさんの人とじどう車をいっしょにはこぶためのふねです。
6 このふねの中には、きゃくしつや車をとめておくところがあります。
7 人は、車をふねに入れてから、きゃくしつで休みます。
8 ぎょせんは、さかなをとるためのふねです。
9 このふねは、さかなのむれを見つけるきかいや、あみをつんでいます。
10 見つけたさかなをあみでとります。
11 しょうぼうていは、ふねの火じをけすためのふねです。
12 このふねは、ポンプやホースをつんでいます。
13 火じがあると、水やくすりをかけて、火をけします。
14 いろいろなふねが、それぞれのやくめにあうようにつくられています。

（東京書籍　一年下巻）

はたらく　じどう車

①じどう車には、いろいろなものが　あります。どのじどう車も、つかいみちにあわせてつくってあります。
②バスは、大ぜいのおきゃくをのせてはこぶじどう車です。
③ですから、たくさんのざせきがあります。つりかわや手すりもついています。
④バスは、きまったじこくに、きまったみちをはしります。
⑤コンクリートミキサー車は、なまコンクリートをはこぶじどう車です。
⑥ですから、大きなミキサーをのせています。
⑦なまコンクリートがかたまらないように、ミキサーをぐるぐるまわしながらはしります。
⑧ショベルカーは、こうじをするときにつかうじどう車です。
⑨ですから、てつでできた、ながいうでとじょうぶなバケットをもっています。
⑩うでとバケットをうごかして、じめんをほったり、けずったりします。
⑪ポンプ車は、火じをけすときにつかうじどう車です。
⑫ですから、ホースやはしごをつんでいます。また、ホースをはこぶ車ものせています。
⑬火じばでは、いけやしょう火せんなどから水をすいあげて、火をけします。

（教育出版　一年下）

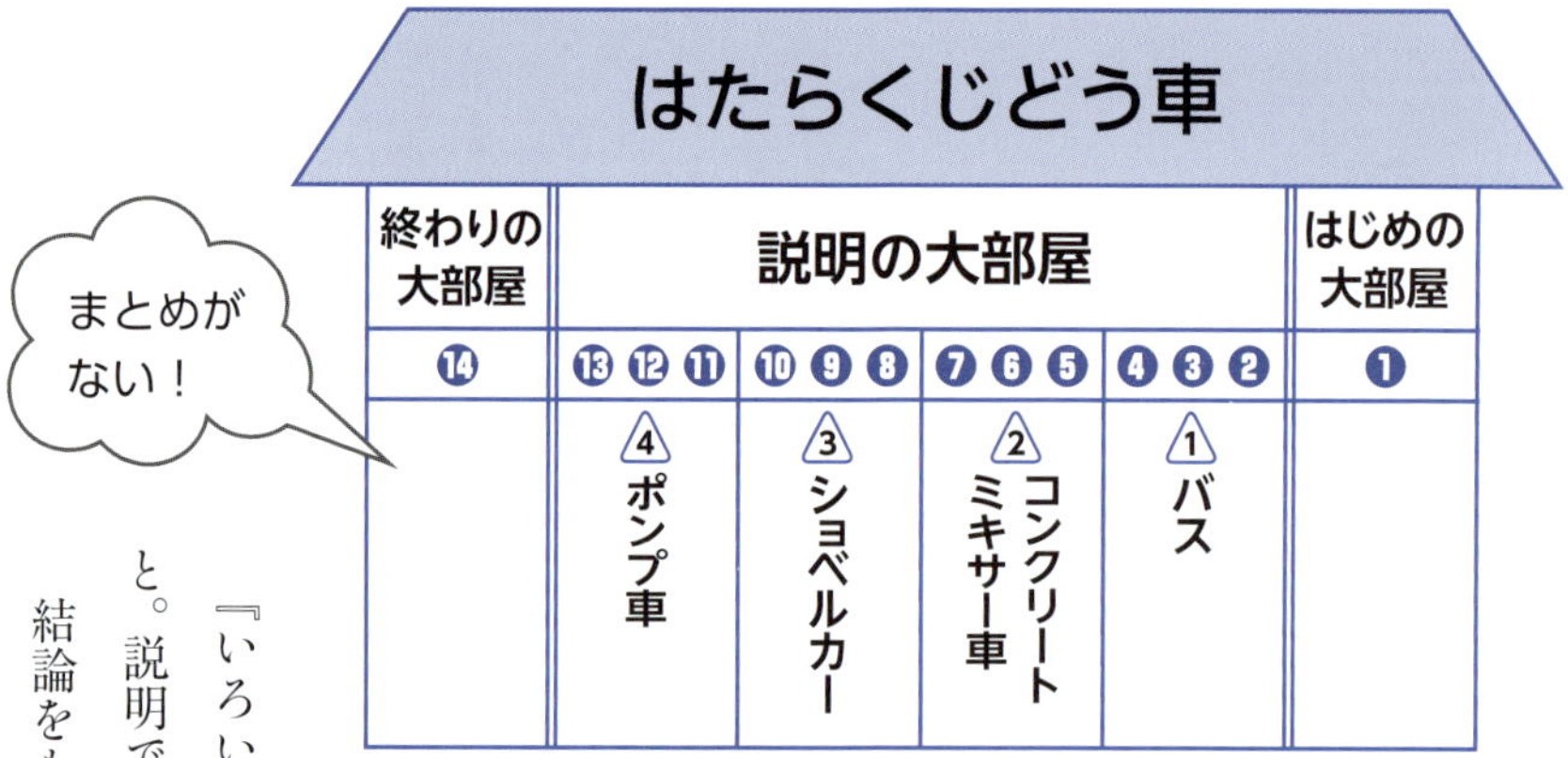

「『はじめの大部屋』は❶だね」

「❷から『説明の大部屋』が始まっているよ」

　どうして❷から「説明の大部屋」が始まっているとわかるの？

「だって、❶で『いろいろなものがあります』って言っておいて、❷からは具体的な『バスは』とくるから説明が始まったとわかるよ」

「『いろいろなふね』と同じだね」

「バスの小部屋は❷❸❹、❺❻❼がコンクリートミキサー車の小部屋、❽❾❿がショベルカーの小部屋、⓫⓬⓭がポンプ車の小部屋ということがわかる」

「小部屋は四つ。『いろいろなふね』と同じだ。よく似てるね！」

「でも、家の形が変だよ」

　家の形が変ってどういうこと？

「だって、三つの大きな部屋のうち、最後の部屋がないよ」

「説明の部屋で終わっている！」


『いろいろなふね』と似ているけれど、決定的な違いは、結論の大部屋をもたない説明文だということ。説明で終わり、結論、つまり「終わりの大部屋」がないことがわかる。

結論をもたない説明文だとすると、どこかに「終わりのまとめ」があるはずだ。


　みんな『いろいろなふね』と似ている、と言っていたよね。もう一度見比べてみようか。違っているのはどこだろう。

「『いろいろなふね』には『終わりの大部屋』があるけど、『はたらくじどう車』にはないでしょ」

「『いろいろなふね』は『はじめの大部屋』が一文だけど、『はたらくじどう車』は二つの文だよ」

　なんだって？　『はじめの大部屋』を見比べてみようか。

いろいろなふね

―❶ ふねには、いろいろなものがあります。

はたらくじどう車

―❶ じどう車には、いろいろなものがあります。どのじどう車も、やくわりにあわせてつくられています。

「『はたらくじどう車』の二つ目の文は『いろいろなふね』の『終わりの大部屋』とそっくりだよ」

いろいろなふね

―⓮ いろいろなふねが、それぞれのやく目にあうようにつくられています。

「『はじめの大部屋』にまとめが書いてあるんじゃないの？」

ないものがあるはず、という読み直しの目で「はじめの大部屋」を見ると、「いろいろなものがある」と言いつつ、「役割に合わせてつくられている」ということが書いてある。この二文目こそが、『いろいろなふね』の「終わりのまとめ」にあたるものである。これが伝えたいことの中心であり、ここに結論があるということがわかる。

『いろいろなふね』と『はたらくじどう車』の決定的な違いは、まとめがどこにあるかということ。対比して見せれば、二年生にもその違いは理解しやすい。

『いろいろなふね』のように、終わりでまとめをする説明文は、尾っぽでくくる型、「尾括型」という。話題提示をしておいて、具体的な説明をし、最後にまとめて終わるパターン。小学校の説明文にいちばん多い基本的な形だ。

『はたらくじどう車』のように、「はじめのまとめ」をもつような説明文の構成を「頭括型」という。頭で「くくる型。伝えたい中心を、まず序論でズバリ書いてしまう。そのあと、納得させるために具体的な説明をするという形だ。

二年生の段階では「尾括型」「頭括型」といった学習用語を教えるまではしないが、『いろいろなふね』と『はたらくじどう車』の対比によって、終わりにまとめを書く説明文もあれば、はじめに伝えたいことをズバリと書く説明文もあるのだ、ということを教えるといい。二年生レベルでも、この二つを比べてみると「ああ、そうなのか」とわかりやすい。

『はたらくじどう車』は、教育出版の一年生下巻の教材だ。なぜ一年生段階で「頭括型」の説明文を載せているかと言えば、このあと、四つの自動車につなげて、五つ目の小部屋を調べさせる、つまり調べ学習につなげるためだ。

例えば「救急車」の情報を与えて、三文で書かせる。一文目には役目を書かせて、それに合うつくりを二文目と三文目で書かせる。そのために、本論で終わらせ、結論はあえて書いていない。

増やした小部屋をカードにさせて、みんなで書いたものを合わせて「はたらくじどう車ずかん」をつくるといった、表現学習に発展させるために、あえて頭括型にしていることもおさえておこう。

説明文の型としては、序論で「はじめのまとめ」をして、具体例を本論で挙げ、結論であらためて、「終わりのまとめ」をし直すパターンもある。「終わりのまとめ」ではなく筆者が最後に意見を述べるパターンもある。そういった形を「双括型」、または両方でまとめるから「両括型」という。

尾括型　結論に「終わりのまとめ」をもつパターン　いちばん多い

頭括型　序論に「はじめのまとめ」をもつパターン

双括型または両括型　序論で「はじめのまとめ」をして、結論で「終わりのまとめ」をし直すパターン

家をかくと説明文が見えてくる

まほうのぬの「ふろしき」

❶ ふろしきは、日本でむかしからつかわれている、とてもべんりな四角いぬのです。

❷ ふろしきは、いろいろな形や大きさのものをつつんではこぶことができます。丸くて大きなすいかも、四角いはこも、細長いびんも、どれもうまくつつむことができます。

❸ また、小さくおりたたむこともできます。ですから、どこにでももちあるくことができます。

❹ さらに、くりかえしつかうことができます。スーパーマーケットのふくろや紙のふくろとくらべると、やぶれにくいので、なんどでもつかうことができます。

❺ このように、ふろしきはとてもべんりなものです。

❻ ふろしきは、まるでまほうのぬののようです。

（東京書籍『新しい国語』平成二十三年度　二年上　編集委員会文）

この説明文を読んで、光り輝く言葉としておさえるのは、❺段落にある「このように」。一読しただけで「このように」に着目する子どもも多い。

説明文では、くくってまとめる典型的な言葉を大事にすると、伝えたいことが見えてくる。

「このように風呂敷は便利だ」……ああそうか、じゃあきっと、筆者は風呂敷が便利だということを伝えるために具体例を挙げつつ、説明しようとしているんだな、とわかる。

「このように」ということは、もちろん「まとめに入るな」と予測がつく。結論を、終わりのところで説明していることは一読して捉えることができる。

❹までは、風呂敷が便利だということを詳しく説明している。ということは❹までは「説明の大部屋」だよ、という捉え方をする。

❻にある、「ふろしきはまほうのぬののようなものである」という最後の一文はどうか？

「風呂敷は便利だ」とくくってまとめたあと、筆者は、「読者よ、私は思うんだけどね、まるで魔法の布のようだよね」と自分の意見、すなわち筆者の風呂敷の捉え方を述べている。本文では、それをわかってもらうために工夫をして説明しているに違いない、とわかる。

風呂敷はとても便利だ。プラス筆者の想いを込めて「まほうのぬののようだ」と言っている。

筆者は、読み手が小学校低学年だということを前提に、この説明文を書いている。一年生や二年生の中には、風呂敷をあまり知らない子もいることを考え、❶段落で、風呂敷の紹介をしているのだろう。そしてここで「とても便利だ」と言っておいて、❺段落で「終わりのまとめ」として「とても便利だ」とおさえている。すなわち、典型的な「双括型」（両括型）の説明文である。

そして末尾の❻では「魔法の布のようだ」と筆者の意見を述べている。

二年生レベルでは、説明文が「美しいしくみの家で表わすことができる」ことをおさえる。

そして、「終わりの大部屋」がない説明文もあること、「はじめの大部屋」と「終わりの大部屋」の両方でまとめをする説明文もあることに気づかせ、中学年で学ぶ「大部屋の性格検討」につなげたい。

低学年段階での学びの教材として『いろいろなふね』『はたらくじどう車』『まほうのぬの「ふろしき」』を紹介したが、実は私はこれらの学習材を高学年になってから用いることも多い。

作文指導をする際に、これらの教材で尾括型、頭括型、双括型（両括型）の三つの型をおさえ直す。すると、伝えたいことを作文に書くとき、いつも、尾括型でまとめるのではなくて、頭括型や双括型で書いた方が効果的なことを実感する。作文を書くときやスピーチをするときに、意識すると変わってくる。

「状況に応じて、話す内容に応じて、相手に応じて、型を変えることを考えてごらん」と指導する。すると「今度、自分が誰かに伝えるときには、しっかり伝えるための工夫をしなければ…」と考えるきっかけや表現の力にも転化できる。

書くときに、どこに自分の伝えたいことの中心を置くか。単に「はじめ」「説明」「終わり」ではなく、どこに書くことの中心を置くかを意識するようになるということだ。

「『誰に伝えるのか』、『伝える内容』によって、工夫して作文を書きましょう。そのときにこの三つの型を学んでおくと、有効ですよ」ということが指導できる。

『はたらくじどう車』を尾括型に変えてみよう、と投げかけてみてもいい。段落⓮をつくって「このように、いろいろなじどう車が、やくわりにあわせてつくられています。」とまとめれば、尾括型に変わる。

逆に『いろいろなふね』を頭括型に変えることもできる。⓮段落を❶段落にもってきて「ふねには、いろいろなものがあります。どのふねも、それぞれのやく目にあうようにつくられています。」とすれば、頭括型になる。

さらに、双括型に書き直してみよう、という投げかけもできる。

説明文の読解指導だけでなく、書くための教材としても、低学年の説明文教材は有効だ。高学年で使う場合であれば、二時間もあれば教えられるだろう。

家型以外の説明文もある

今度は学校図書の二年生教材『ほたるの一生』での学びを紹介しよう。

ほたるの一生

ささき　こん

❶ なつの夜、小川のほとりを、小さな光がいくつもいくつもとびかっています。ほたるです。

❷ ほたるは、なんのために光り、どのように一生をすごすのでしょうか。

❸ 七月のはじめごろ、ほたるのおすとめすは、光りはじめます。ほたるの光は、おすとめすの間のしんごうです。おすは、おしりの先を強くよわく光らせながら、木のはの上で光っているめすをさがしてとび回ります。そして、めすを見つけ、けっこんします。

❹ けっこんしたほたるのめすは、水べのこけに小さなたまごをうみつけます。一ぴきのめすがうむたまごの数は、五百こから千こにも上ります。

❺ たまごをうみおえると、めすもおすもしんでしまいます。せい虫になってから、わずか十日ばかりのいのちです。

❻ たまごは、およそ一か月後によう虫になります。よう虫は、すぐに川の中へ入り、水の中での生活をはじめます。

❼ 水の中で、よう虫は、かわになという貝の肉をたべてそだちます。よう虫は、なんどもだっぴをくりかえしてせい長します。

❽ つぎの年の四月のおわりごろ、かわになをたべて大きくなったよう虫は、雨のふる夜に、水の中から出て、川ぎしに上がります。

❾ 川ぎしに上がったよう虫は、やわらかい土にもぐりこみます。そして、まわりの土をかため、「土まゆ」という小さなへやを作ります。

❿ 土まゆを作ってからやく五週間後、ほたるのよう虫は、ようやくさなぎになります。はじめは白っぽいさなぎの体は、時間がたつにつれて、だんだん色がこくなっていきます。

⓫ さなぎになってからやく二週間後、ほたるは、いよいよせい虫になります。せい虫になったばかりの羽はまだやわらかく、色もうすい黄色です。そして、二、三日後、羽がかたく、黒くなると、せい虫は土まゆをこわし、地上に出てきます。

⓬ なつの夜、田んぼや小川のほとりで光っている数えきれないほどのほたるは、このようにして一生をすごしているのです。

（学校図書 「小学校こくご」平成二十七年度 二年上）

『ほたるの一生』で、家をつくろうとすると大混乱してしまう。なぜなら、この説明文は、「はじめの大部屋」「説明の大部屋」「終わりの大部屋」というように分けにくいからだ。

この説明文は、夏の夜から始まり、結婚し、たまごを産み、…という、ほたるがどのように一生を過ごすか、その過程を順番に説明している。順序を正確に読み取るための説明文だ。

説明文のジャンルは、大きく二つに分けられる。一つは今までに見てきた「家型」の説明文、もう一つがこの「順序型」の説明文だ。

これは家型か、順序型かを教えることは重要だ。そのうちに読みながら、これはどちらか、自分で判断できるようになるといい。つまり、読みの構えを自分で決められたらいい。両方の教材が必要だということであり、教科書は両方の型を入れている。（順序型の説明文は、『ほたるの一生』のほか、『ビーバーの大工事』（東京書籍二年下）や『どうぶつ園のじゅうい』（光村図書二年上）など）

順序型の説明文で、読み取るべきは順序だ。小見出しを書いて、矢印をきちんとつけられるかどうか。矢印の説明文が順序型と捉えてもいい。

順序型の説明文を教えるときに、私がよくやるのは「パンフレットを作ろう」という単元構成だ。

『ほたるの一生』なら、一枚の紙を渡し、「どうやってほたるが一生を過ごすのか、読み取ったことをもとに、絵もかき、矢印をつけて、一枚の紙で表現しよう」と投げかけてみる。矢印で示す必然性をもたせて、一枚の紙に表すように仕向けるといい。

あるいは同じ順序型の説明文『どうぶつ園のじゅうい』であれば、「動物園の獣医さんの仕事を、動物園に来たお客さんに一目でわかるように一枚のパンフレットにまとめよう」と活動させる。

順序に、そのときどきの面白い情報を入れ込みながら文章ができている。これが順序だけだとつまらない、単なる取り扱い説明書になってしまう。

文章化するにはやはり順序を書くだけでなく、それぞれに情報を入れてあると、より読もうという気持ちにもなるし、それが説明文だと思う。

こういうことを知った上で長文を読むと、子どもたちも挑もうとする。

低学年段階から基本的な学習を積んでおけば、長くても読めそうだ、という気になるのだ。

二年生段階では…

『はたらくじどう車』で頭括型を学ぶ。

『まほうのぬの「ふろしき」』で双括型（両括型）を学ぶ。

『ほたるの一生』を用いて順序型の説明文もおさえる。

★二年生以降の学びには、学習の前段階となる「0《ゼロ》次段階」の発想をもつことが大事だ。『はたらくじどう車』の学びの前段階として『いろいろなふね』の三つの大部屋を思い出させ、小部屋の名前つけの方法などもあらためておさえた上で、対比させるように、次の学習材『はたらくじどう車』を捉えさせると理解が進む。尾括型・頭括型・双括型（両括型）、順序型については、それぞれの型の違いに着目させるに留める。用語については、中学年以降にあらためて触れることとし、低学年レベルでは教えていない。

第3章

中学年で獲得させたい「読みの力」はこれだ！

学習材：『いろいろなふね』
『人をつつむ形――世界の家めぐり』
『ヤドカリとイソギンチャク』

三年生　「大部屋の捉え方」を検討する

「はじめの大部屋」と「終わりの大部屋」の性格を検討する

中学年になったら「はじめの大部屋」と「終わりの大部屋」の捉え方をおさえ直す必要がある。「はじめの大部屋」に書かれることを、いろいろな説明文で読み比べてみると、大きく三つに決まっている。「終わりの大部屋」も、いろいろな説明文を読み比べてみると、書かれていることは三つに集約することができる。三つのこと、それを私の国語教室では「性格」と呼んでいる。

「はじめの大部屋」には、大きく分けて次の三つの性格がある。

「はじめの大部屋」の性格

①話題の提示

②大きな問いの投げかけ

③はじめのまとめ

まず、①の「話題の提示」。これは、話題の紹介といってもいい。伝えたいことに関わる話題を提示して読者の興味・関心を引きつけるという役割をしている。

②の「大きな問いの投げかけ」は、「どうして～なのでしょうか？」のように、問いを投げかける形。「はじめの大部屋」に出てくる疑問形の文章は「大きな問い」ではないか？と思っておさえる。

ただ、疑問形の文が、大きな問いかどうかの検討が必要となる。例えば「みなさんは○○を知っていますか？　○○は△△なのです」などは話題提示レベルの問い「小さな問い」だろう。問いと対応する答えが、どこにどのように書かれているかが「大きな問い」かどうかの検討材料になる。

③の「はじめのまとめ」は、伝えたいことの中心に触れてしまうというパターン。

「はじめの大部屋」の性格は、この三つに集約できる。

「終わりの大部屋」の性格は次の三つ。「はじめの大部屋」に対応していると考えると捉えやすい。

「終わりの大部屋」の性格

①終わりのまとめ

②大きな問いの答え

③筆者の考え・メッセージ

①の「終わりのまとめ」は、「このように〜は〜である」というようにくくってまとめるパターン。文章の最後の方に「このように」とあったら、「くくってまとめているのではないか?」と読んでみればいい。「このように」がなくても、「このように」を入れてみると、「ああ、くくっているな」と見えてくる。

②の「大きな問いの答え」は、大きな問いに対応して、その答えを結論部分でしっかり書いてあり、「大きな問い」の答えの性格をもっている結論。疑問と結論が美しき対応をしている説明文だ。

ただ、投げかけた大きな問いが、結論にない場合もある。大きな問いの答えを、本論に順番に書いて、最後に答えらしくまとめない説明文もあるから、気をつけた方がいい。

③の「筆者の考え・メッセージ」は、結論として、筆者自身が自分の意見、主張を明確に述べている場合だ。小学生を読者として想定しているので、「こんなふうに生きていこうではないか」とか、「海の環境破壊について述べてきましたが、森も大変な環境破壊が進んでいます。森のことについて、みなさんで調べ考えてみましょう」などと、筆者自身が自分の考え・想い、メッセージをズバリ述べるという結論がある。その結論は、筆者の意見の性格をもっている。または読者への提言、提案、何らかのメッセージを発している。

「はじめの大部屋」、「終わりの大部屋」がそれぞれ三つの性格をもっているという学びをすると、「はじめの大部屋」は話題の提示で段落❶～❸、「終わりの大部屋」は「このように」でくくっているので、段落⓮だけ。段落❹～⓭が「説明の大部屋」と明確な根拠をもって捉えることができる。

ただし、性格の検討は、最初の段階は大まかでいい。「話題提示をして、詳しい説明を三つの小部屋でやって、最後にくくってまとめているな」というレベルの捉え方でいい。

性格が読んでいくうちに変わっていくこともある。「話題提示だと思っていたけれど、実は最初に結論を言っていた！はじめのまとめの性格をもっていたのか」などと見えてきたら、それはそれでいい。

最初の段階の大まかな性格検討をもとに、その後、文章全体を読んでいくことがとても大事だ。

また性格は一つだけとは限らない。長い説明文では、「このように」でくくってまとめた上で、「だからこそ、君たちよ」というように、筆者がメッセージを発しているパターンもある。

終わりのまとめをして、筆者が自らの意見を述べている、二つの性格をもっていると読める。あるいは、「はじめの大部屋」でも、話題を提示しておいて、問いを投げかけることもある。

「説明の大部屋」の名前のつけ方

中学年では、「説明の大部屋」の捉え方も教える。小部屋の名前のつけ方について、低学年での一つの単語レベルの名前から、もう少し言葉をつけたして、長くつける学習をすることを指示する。

子どもたちに、「説明の大部屋」での名前のつけ方を指導する際のポイントは、まず

「兄弟姉妹になるように考えて名前をつけてごらん」。

何らかのつながりがあるように名前をつけるというのが、「兄弟姉妹のように」という意味だ。

ポイントの二つ目は、**「重要語句を読み落とさないで名前をつけてごらん」**。

説明文には「重要語句」があり、名前を考えるときにそれを読み落とさないことが大切だ。

「重要語句」とはどういう言葉かというと、一つは、「繰り返し出てくる言葉」。すなわち、反復される言葉、何度も繰り返される言葉は、大切な言葉として読みなさいと指導する。

もう一つは、「題名と深くかかわる言葉」。題名は、伝えたいことと密接にかかわる言葉なので、題名に深く関係する言葉は、反復される言葉と同様、重要語句としておさえよう。

例えば『いろいろなふね』であれば、船の名前は重要語句だと思っておさえないといけない。この重要語句が、部屋の名前をつけるときに使えないかどうかを考えよう。

もちろん使えない場合もあるが、重要語句を基本として名前を考えよう、と指導する。

名前をつけるための三つ目のポイントは、**「『終わりの大部屋』を大切にしよう」**。

「終わりの大部屋」に使われている言葉が、部屋の名前をつけるときに使えないかと考える。

『いろいろなふね』の小部屋に、中学年以降で名前をつけるときに注目したいのが「役目」という言葉だ。「なになにするため」という言葉が繰り返され、「終わりの大部屋」に「いろいろなふねが、それぞれのやく目にあうようにつくられています。」と書いてあるからだ。

繰り返し出てくる言葉を読ませ、「終わりの大部屋」の「役目」という言葉に着目させて、役目に合うようなつくりを考えて小部屋の名前を兄弟姉妹のようにつける。これが中学年での大切な学習になる。

ただ、なんとなく読ませるのではなく、本文に戻り、「どの部分にあるからわかる」と理由づけて考えさせる習慣をつければ、三年生でもこの読みはできる。

実際の授業での流れはこうだ。

一年生のとき「いろいろなふね」の小部屋に名前をつけたね。

「客船、フェリーボート、漁船、消防艇、とつけたよ」

「全部船の名前だから、兄弟っぽい」

そうだね。船の名前だから兄弟のようだね。短くてとても素晴らしい。でも、小部屋の中がもう少し

わかるように、名前を長くできないか？　「客船の～」「フェリーボートの～」と名前を長くして、小部屋の中身がもっとわかるような名前をつけられないかな？

兄弟姉妹のように、四つ子のように、小部屋の名前を長くしてみよう。

低学年では、一単語で考えていたが、「小部屋の名前をもう少し長くしてごらん」と指示する。その際『いろいろなふね』では、「～するため」「～するため」と繰り返されているから、名前に入れ込みたいと考える。だが「何々のため」の何、というと落ち着きが悪い。

「役目ってつけたらどう？」

「客船の役目、っていいね！」

全部「役目」ってつけられる？　兄弟姉妹のように名前をつけようとするのが基本だよ。

「つけられるよ」

役目ってどこからもってきたの？　小部屋の中に「役目」という言葉は出てこないよね。

「『終わりの大部屋』に書かれているよ。だって、兄弟姉妹のように名前をつけるのと、『終わりの大部屋』を大切にするんでしょ？　だから、『終わりの大部屋』からとったの」

―⑭　いろいろなふねが、それぞれのやく目にあうようにつくられています。

なるほど。役目って、いいね。

「何々の役目」という言葉にすると、兄弟姉妹のようにしっくりとくる。そしてその役目だけでいいのかというと、それに加えて役目に合うようにつくられていることに目が向く。

「『役目とつくり』と入れたい」

なんで？　つくりはどこからもってきたの？

「『終わりの大部屋』で、『やく目にあうようにつくられています。』とあるでしょ。だから『役目とつくり』と入れたい」

ここであらためて小部屋を見直してみると、「〜するため」と役目を言っておいて、三文四文で、その役目にあうように、どんなつくりになっているかを説明していることが確認できる。

「だから役目だけでなくて、『役目とそれに合うつくり』にするとすっきりする」

「役目に合うように設備があるよ、ということ」

ここで、再度「終わりの大部屋」を読み直し、「やく目にあうようにつくられています」とあるのを全員で確認して「船の役目とそれに合うつくり」という名前を引き出す。

「客船の役目とそれに合うつくり」

「フェリーボートの役目とそれに合うつくり」

「漁船の役目とそれに合うつくり」

「消防艇の役目とそれに合うつくり」

こうして兄弟姉妹のように美しく名前がつけられた。これが、中学年の大事な学習になる。

小部屋は意味段落だから、小部屋の名前つけをすることは、意味段落の見出しを考えていることになる。名前を長くするのは、意味段落の要約をしていることとイコールだ。それも、ある意味段落を検討するのではなく、結論部分に書かれていることを意識して、それぞれの意味段落の内容をまとめることになる。すなわち、段落相互の関係を読み取るというきわめて重要な学習になっているのだ。

段落相互の関係を読み取ると、最初に捉えた要旨を、あらためて納得して受け取れるようになる。本論を読まずして納得などできない。テストで、「筆者の伝えたいことを次のA、B、Cから選びなさい」とあるとき、性格検討がある程度できれば、選べるだろう。筆者の言わんとすることは、「このように」とまとめて終わっていれば、最後を読むとわかってしまう。

ただし、テストでAに○をつけたから、確かに読んだのか？といえば読んではいない。本論を読んで

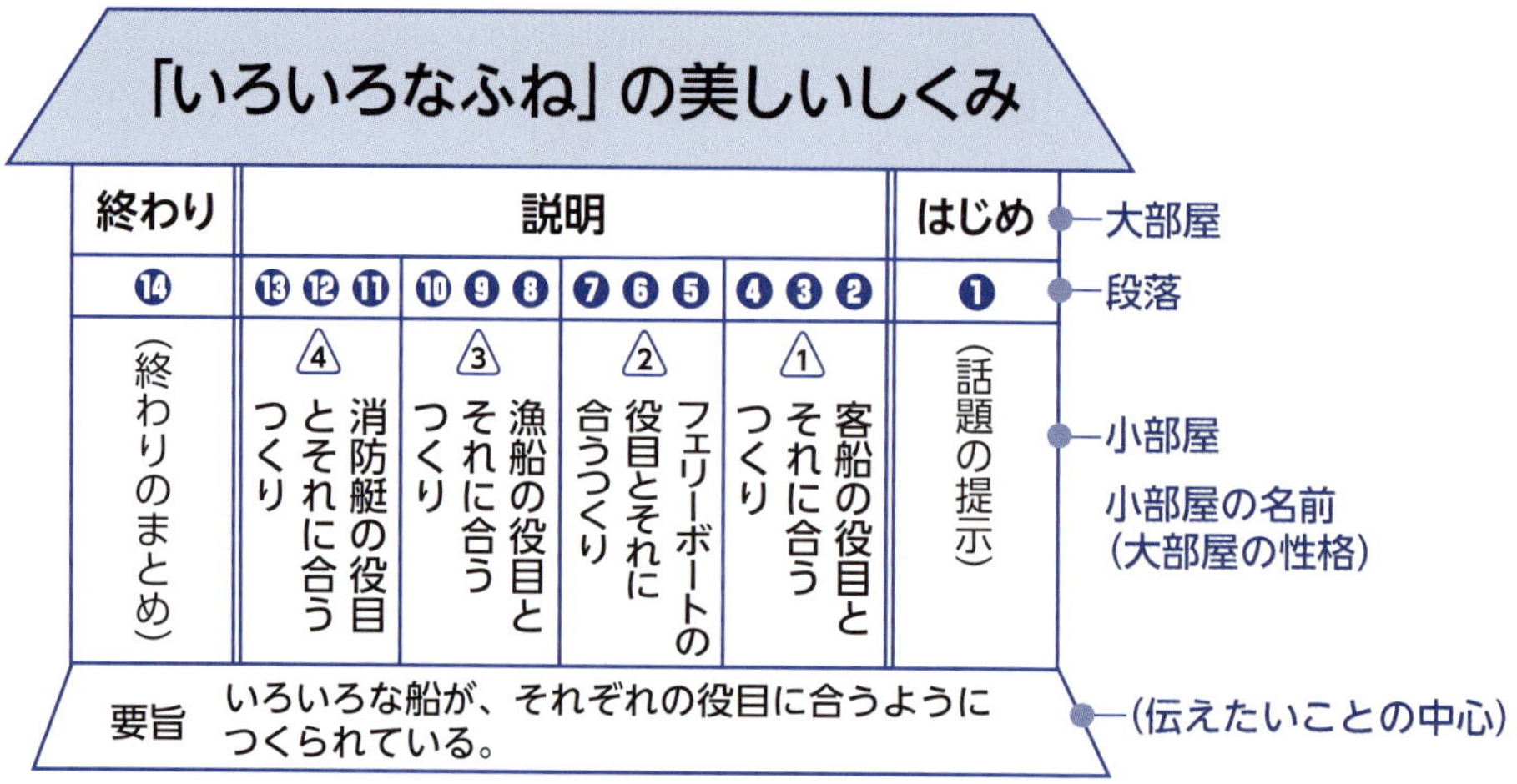

いない限り、納得して伝えたいことは受け取れない。

だからこそ、本論の読み方を教えなければならない。小部屋で捉えよ。名前をつけてみよ。その名前も適当につけるな、兄弟姉妹のように、結論部分を意識して、一単語から言葉をつけたして、少し長くしながら…という学習を、中学年以降『いろいろなふね』でおさえておきたい。

中学年と言ったが、この捉え方で読めない五年生がいたら、私は『いろいろなふね』でこの捉え方をまず教える。そうでないと読めない。高学年になって、序論・本論・結論で説明文ができているということさえ知らない子がいるのも事実だ。序論に書かれていることはこんなこと、という理解がない。要旨を捉えることがゴールだと思っていない子どもが存在するのだ。

説明文が美しいことを知らなければ、説明文を読むのは面倒だし、面白くない。でも「説明文って美しい」ということを意識したら「なるほど、こういうことか」とすっきりと受け取れている自分がいる。「ああ、筆者、わかったよ！」という何とも言えない喜びがある。

最後に「うんうん」とうなずける自分がいるという体験をさせたい。

だから私は、五年生で三〇分かけて『いろいろなふね』をやる。一時間かかっても、あるいは三時間かかっても、おさえる。その上で教科書の本編に入っていく。

筆者は適当に言葉を並べてはいない。同じように「この説明文は十ページあるけれど、読んでみようぜ！」という読みの構えをつくってあげないといけないと思う。

中学年になったら、家のつくりの下に土台部分をつくることも教える。

土台部分は、すべての言葉、すべての文、すべての形式段落、すべての意味段落、基本構成を含めて、すべての言葉の土台になっている。パッと見ただけではわからない、目には見えない土台部分が、すべての言葉を支えている。要旨のためにすべての言葉がある。筆者の表現の工夫があるのだ。

この土台部分には「要旨」、すなわち、伝えたいことの中心を最後に書かせる。

説明文の家をかいて検討していくと、だんだんと見えてくる「伝えたいこと」。最終的に筆者の伝えたいことはこうだな、と短くまとめて、土台に書きこむように指導する。

中学年における『いろいろなふね』の学びでは、この説明文の教材性もおさえておきたい。

どうして、客船、フェリーボート、漁船、消防艇、という順番に並んでいるのか？

筆者の読者想定は一年生。六歳・七歳の子たちに、いろいろな船があり、その船にはそれぞれ役目があり、その役目に合うようにつくられていることを伝えるために、この順番にしているはずだ。一年生の読者に「ふーん、そうなの」とわかってもらうために、小部屋の順番にもこだわっているだろう。

納得させたいがために、身近な客船から具体的に始めている。一年生でも、客船ならば知っているかもしれない。しかし、消防艇は知らない子が多いだろう。身近なものから遠いものへ、という例の挙げ方は、論の転換の基本中の基本。これは読者にとってわかりやすい展開のしかただ。

もう一つは、この並べ方によって一般化が図れるという効果。一年生には未知であろう消防艇にもちゃんと役目があって、それに合うつくりがされていると納得できれば、五つ目の船が想起できる。

もっと見知らぬ船がある。その見知らぬ船に将来出合ったときにも、「その船にはきっと役目がある。その役目に合うようなつくりがされているはずだ」と考えられるということ。つまり、身近なものから遠いものへという論の展開によって、一般化が図れる。

すると「このように」とくくってまとめているのは、四つの船だけではないということになる。このように「いろいろなふね」が、この四つ以外にも、「たくさんたくさんのふね」が、それぞれの役目に合うようにつくられている。というのが伝えたいことになるだろう。

説明文は、なんとなくは書かれていない。意図をもって、読者に伝えたいために、長い本論も精いっぱいの工夫をして書いている。その基本の読み方を『いろいろなふね』で学ぶのだ。

学びを次の学習に生かす

今度は小松義夫さんの『人をつつむ形―世界の家めぐり』を学習材にしよう。

人をつつむ形―世界の家めぐり　1

小松　義夫

❶わたしは、世界中をたずねて、人がいて家があるという風景を、たくさん写真にとってきました。

❷ボリビアには、高さ三千五百メートルの高原に、どんぐりのような形の家がありました。塩分の多いこの土地に、しっかりと根をはる草があります。人々は、根のはった土をブロック形に切り出して、つみ上げて家を作ります。

❸ルーマニアでは、森の近くの村に、屋根まで木の板でできている家がありました。その屋根には、まぶたがついた人間の目のような、けむり出しのまどがついています。冬は雪が多いので、雪が落ちやすいように、屋根のかたむきを大きくしています。

❹どの家も、その土地のとくちょうや人々のくらしに合わせて、地元にあるざいりょうを使い、くふうしてつくられています。

❺ では、わたしのたずねてきた世界の家をしょうかいしましょう。

大草原の白い家　モンゴル

❻ 見わたすかぎりの草原に点々と白いものがあります。近づくと、それは何かをつつんだような形をしているのが分かります。羊や馬を放牧してくらす人々の家、ゲルです。

❼ ゲルは、移動できる組み立て式の家で、水を手に入れやすく、羊や馬が食べる草が生える所にたてられます。家のほね組みは木でできていて、そのほね組みをフェルトでおおうと、すぐに家を組み立てることができます。

❽ フェルトは羊の毛でできているため、きびしい冬の寒さをしのぐことができます。

地面の下でくらす　チュニジア

❾ 小高いおかに登ってマトマタの村を見下ろすと、地面にあながたくさんあいています。実は、ここに家があるのです。あなのそこが中庭で、かたすみに小さな野菜畑があります。中庭から横にほったあなが部屋になっていて、羊やヤギの部屋もあります。

❿ このあたりの気温は、夏は五十度に近く、冬はれい度より下がりますが、地面の下の部屋の中は一年中二十度から二十八度で、すごしやすいのです。雨が少なく、水はけのよい土地などで、部屋の中に水が入ることはありません。

⓫ 家族がふえて部屋が足りなくなると、横にあなをほります。あなの中をしっくいで白くぬると、新しい部屋ができあがります。

屋根がさかさま　セネガル

⓬ エルバリン村は、大きな川が海に注ぐ所の近くにあります。人々は、田で米を作ったり、川で魚や貝をとったりして生活しています。

⑬ この村の中心にある家の屋根は、じょうごのような形をしています。いどをほってもしおからい水しか出ないため、屋根で雨水を家の中に取りこんで、飲み水として利用するのです。

⑭ この家の屋根は、米をしゅうかくした後にできるわらで作られ、近くにたくさん生えているマングローブのみきでささえられています。

（東京書籍「新しい国語」 平成二十七年度 三年下）

「終わりの大部屋」をもたず、説明で終わるこの説明文が、どうして三年生の教科書に載っているかというと、『はたらくじどう車』と同様に、調べ学習につなげるためだ。

例えば、沖縄の島の家の情報がある。それを、モンゴル、チュニジア、セネガルのように、段落三つで説明するという、調べ学習・表現学習に発展させるために、説明で終わりになっている。

調べ学習・表現学習に発展させるという単元を組んでいるわけであって、美しいしくみで要旨を捉えるという教材ではないが、私の国語教室では、三年生に次のように問いかけた。

君たちは『いろいろなふね』で説明文を「美しいしくみ」、家で表わすという学習をしてきたよね。この小松さんの説明文を見て『あれ？』と思わない？

本論で終わり、調べ学習・表現学習につなげようとする単元だが、家で表わす学習を行っていれば、美しいしくみの説明文が見えてくるはずだ。十四の段落の入れ替えをしてみると、美しいしくみの説明文に書き変えることができる。いかがだろうか？

読者の皆さんも、実際に入れ替えて、家をつくってみていただきたい。

小見出しは外して、「はじめの大部屋」「説明の大部屋」「終わりの大部屋」に並べ替え、美しいしくみの説明文に書き変えてみよう。

―❶　わたしは、世界中をたずねて、人がいて家があるという風景を、たくさん写真にとってきました。

これは？

「はじめ！」

そうだね。これは「はじめの大部屋」でいいね。性格は？

「話題のしょうかい！」

「話題の提示」

そうだね。次は何が来るかな？　十四段落の中のどの段落をもってくればいいかな？理由も含めて言えるかな？

「❺段落をもってくる」

―❺　では、わたしのたずねてきた世界の家をしょうかいしましょう。

「これも、話題の提示だよね」

なるほど。典型的な話題の提示だね。「はじめの大部屋」は❶と❺だけでいいですか？　このあと「説明の大部屋」に入ると考えていいのかな？

「いいです！」
❶と❺を「はじめの大部屋」として捉えてみよう。性格は「話題の提示」でいいね。「説明の大部屋」はどこから？
「❷、❸」

「次は❻」

え？　❷❸がきて、次が❻になるの？

「そう！」

「❻の次はずっと続いて、⓮まで」

段落⓮までしかないよ？　❷、❸ときて、❻❼❽❾❿⓫⓬⓭⓮ということ？

「そう！　まとめが❹だよ」

「終わりの大部屋」が❹なの？　どうだい？　みんなこれでいい？

「うん。『終わりの大部屋』は段落❹だけだよ」

❹をあらためて見てみようか。

――❹　どの家も、その土地のとくちょうや人々のくらしに合わせて、地元にあるざいりょうを使い、くふうしてつくられています。

「『このように』を最初に入れると、まとめだってわかるよ！」

お、いま「このように」を入れると良いって声がしたぞ。本当かな？　入れてみようか？

――❹このように、どの家も、その土地のとくちょうや人々のくらしに合わせて、地元にあるざいりょうを使い、くふうしてつくられています。

なるほど。「このように」で、くくるとわかりやすいね。性格は？

「終わりのまとめ」

「『このように』を入れると、終わりのまとめの性格だってわかるよ！」

なるほど。では「説明の大部屋」の小部屋はいくつ？

「四つ」

「えー、五つだよ」

ちょっと待って、一つ目の小部屋は？

「❷」

「❷だけだよ」

二つ目は？

「❸」

三つ目は？

「❻❼❽」

四つ目は？

「❾❿⓫」

なるほど。では五つ目は？

「⓬⓭⓮」

小部屋の名前をつけよう。まず一単語でつけてみよう。

一つ目は？

「ボリビア」

二つ目は？

「ルーマニア」

三つ目は？

「モンゴル」

四つ目は？

「チュニジア」

五つ目は？

「セネガル」

ほー、という五つの小部屋か。

「先生！　国の名前だけでなくて、ボリビアの家、ルーマニアの家、って『家』をつけた方がよくない？」

なるほどね。どう？　「ボリビアの家」「ルーマニアの家」「モンゴルの家」としようか。『終わりの大部屋』の言葉にも注目してみよう。

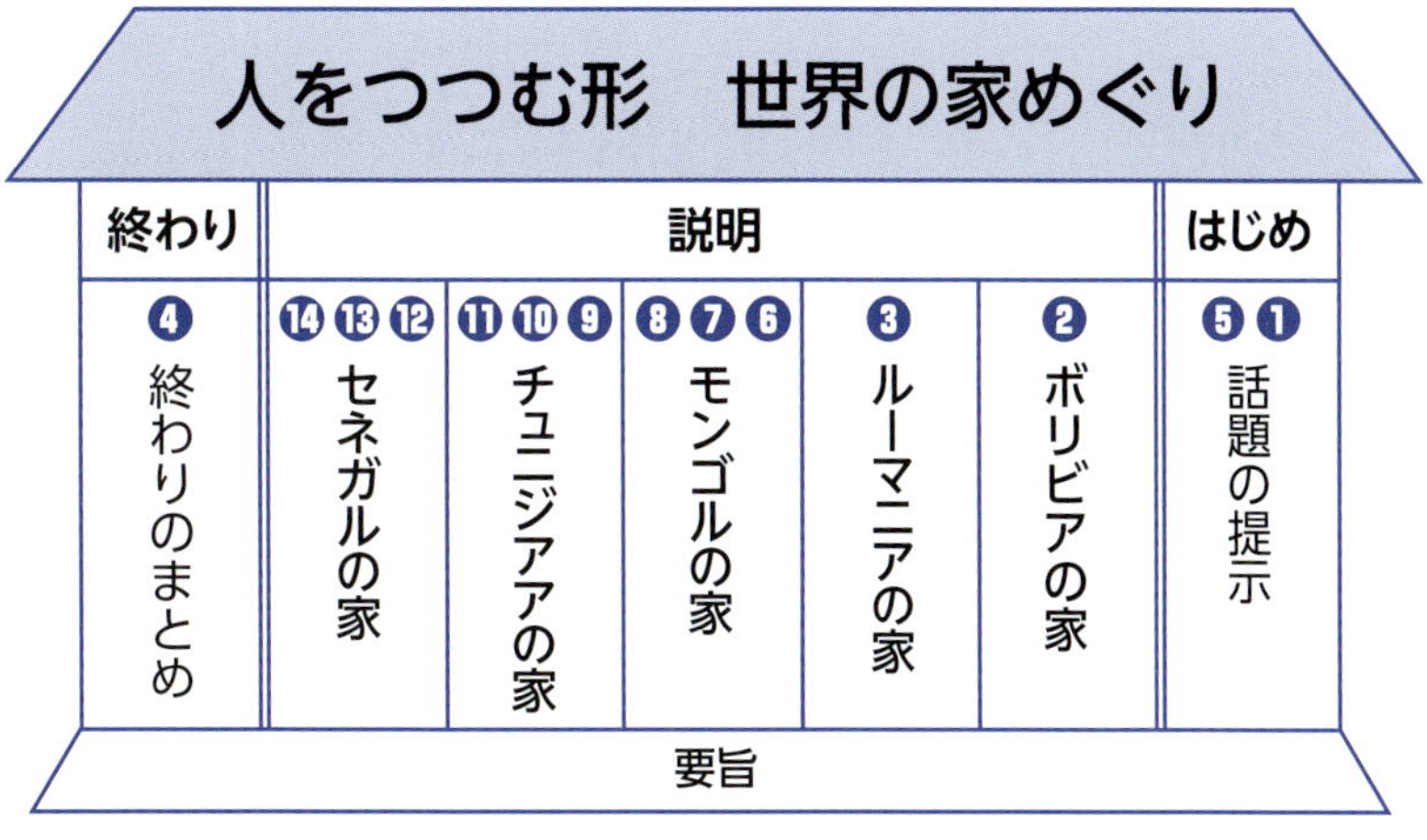

「終わりの大部屋」で「このように、どの家も、その土地のとくちょうや人々のくらしに合わせて、地元にあるざいりょうを使い、くふうしてつくられています。」とまとめている。この観点で見直すと、五つの小部屋はどれも「材料は何だ」と言っている。「土地はこんな特徴をもっているよ」と言い、さらに「暮らしはこうだから、暮らしに合わせてこんな作りをしているよ」と言っていることにあらためて気づく。

並べ替えた段落を文章にあらわしてみると、次のようになる。

人をつつむ形—世界の家めぐり ②

小松 義夫

❶ わたしは、世界中をたずねて、人がいて家があるという風景を、たくさん写真にとってきました。

❷ では、わたしのたずねてきた世界の家をしょうかいしましょう。

❸ ボリビアには、高さ三千五百メートルの高原に、どんぐりのような形の家がありました。塩分の多いこの土地に、しっかりと根をはる草があります。人々は、根のはった土をブロック形に切り出して、つみ上げて家を作ります。

❹ ルーマニアでは、森の近くの村に、屋根まで木の板でできている家がありました。その屋根には、まぶたがついた人間の目のような、けむり出しのまどがついています。冬は雪が多いので、雪が落ちやすいように、屋根のかたむきを大きくしています。

❺ モンゴルには、見わたすかぎりの草原に点々と白いものがあります。近づくと、それは何かをつつんだような形をしているのが分かります。羊や馬を放牧してくらす人々の家、ゲルです。

❻ ゲルは、移動できる組み立て式の家で、水を手に入れやすく、羊や馬が食べる草が生える所にたてられます。

家のほね組みは木でできていて、そのほね組みをフェルトでおおうと、すぐに家を組み立てることができます。

❼ フェルトは羊の毛でできているため、きびしい冬の寒さをしのぐことができます。

❽ チュニジアでは、小高いおかに登ってマトマタの村を見下ろすと、地面にあながたくさんあいています。実は、ここに家があるのです。あなのそこが中庭で、かたすみに小さな野菜畑があります。中庭から横にほったあなが部屋になっていて、羊やヤギの部屋もあります。

❾ このあたりの気温は、夏は五十度に近く、冬はれい度より下がりますが、地面の下の部屋の中は一年中二十度から二十八度で、すごしやすいのです。雨が少なく、水はけのよい土地などで、部屋の中に水が入ることはありません。

❿ 家族がふえて部屋が足りなくなると、横にあなをほります。あなの中をしっくいで白くぬると、新しい部屋ができあがります。

⓫ セネガルのエルバリン村は、大きな川が海に注ぐ所の近くにあります。人々は、田で米を作ったり、川で魚や貝をとったりして生活しています。

⓬ この村の中心にある家の屋根は、じょうごのような形をしています。いどをほってもしおからい水しか出ないため、屋根で雨水を家の中に取りこんで、飲み水として利用するのです。

⓭ この家の屋根は、米をしゅうかくした後にできるわらで作られ、近くにたくさん生えているマングローブのみきでささえられています。

⓮ どの家も、その土地のとくちょうや人々のくらしに合わせて、地元にあるざいりょうを使い、くふうしてつくられています。

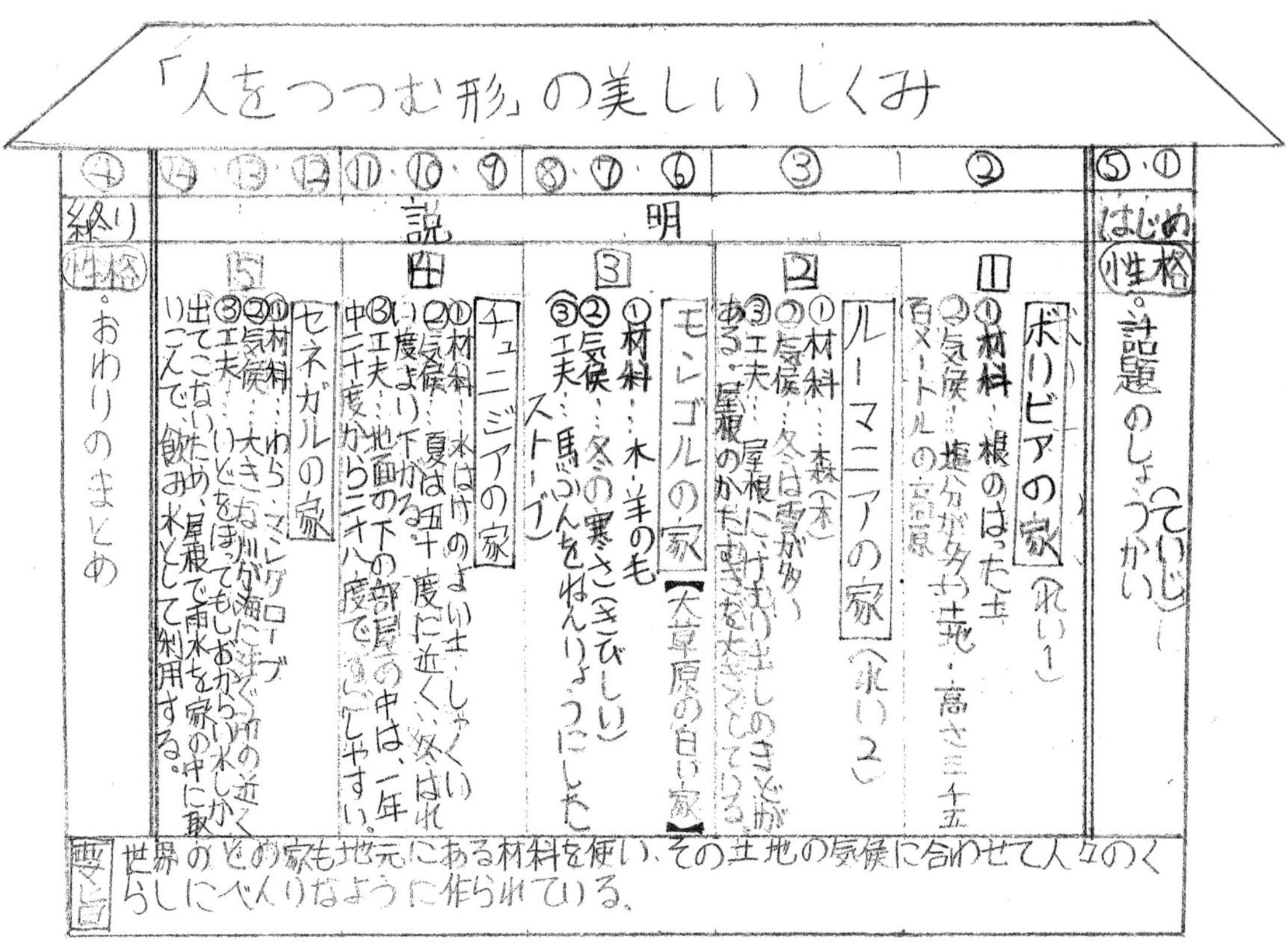

「モンゴルには」「チュニジアでは」「セネガルの」と、小見出しの部分を本文に入れ込んでいるが、それ以外は変えていない。単なる段落の入れ替えだ。

上が三年生のつくった『人をつつむ形』のしくみ。段落を入れ替えて考えた、美しいしくみだ。

あらためて読み直すと、ボリビアの家もルーマニアの家も一つの段落ではあるけれど、材料・気候をしっかりとおさえている。モンゴル、チュニジア、セネガルの小部屋は、さらに段落を増やして、詳しく説明している。説明しているのは、その土地の気候、特徴に合わせた材料や工夫だ、という要旨は一緒だ。

『人をつつむ形』は、表現学習のための教科書教材だ。ただ、低学年で美しい家のしくみを学んでいる三年生であれば、美しいしくみの文章が見えてくるということだ。

家をつくってみると、はじめなんとなく読んでいた文章が、実は違った文章、それも美しさがある文章として見えてくる。

三年生の学習として紹介したが、この学習を五年生、六年生でやらせてみるのも面白い。高学年であれば、「序論・本論・結論でつくり直してごらん」と投げかけてみると、抵抗なくできる。

三年生段階では……

「はじめの大部屋」の三つの性格

①話題の提示　②大きな問いの投げかけ　③はじめのまとめ

「終わりの大部屋」の三つの性格

①終わりのまとめ　②大きな問いの答え　③筆者の考え・メッセージ

「はじめの大部屋」と「終わりの大部屋」の性格検討によって要旨も見えてくる。見えてきた要旨を納得して受け取るために、小部屋の名前つけを再度検討する。

★『いろいろなふね』を用いて、大部屋の捉え方を深め、教科書教材に入る。時間が許せば『いろいろなふね』だけでなく『はたらくじどう車』『まほうのぬの「ふろしき」』の大部屋の検討や小部屋の名前つけを行い、尾括型・頭括型・双括型（両括型）の用語もおさえ直しておこう。小部屋の名前を長くするポイントは、兄弟姉妹のように、重要語句を落とさない、「終わりの大部屋」の内容を大切に、の三つ。『人をつつむ形―世界の家めぐり』の並べ替えの学習も、家型のしくみのまとめとして活用したい。

四年生　「能動的に学ぶ意識」を獲得させる

説明文は短い方がいい？

武田正倫さんの『ヤドカリとイソギンチャク』と題する短い文章。わずか一段落、二文だ。

> **ヤドカリとイソギンチャク**
>
> 武田 正倫
>
> さんご礁の美しい海では、いくつものベニヒモイソギンチャクを貝がらにつけた、ソメンヤドカリを見ることができます。ヤドカリとイソギンチャクは、たがいに助け合って生きているのです。

まずは音読をしてみましょう。武田さんが読者に伝えたいこと、みんなに伝えたいことを受け取れたかな？　短くまとめてごらん。伝えたいことは何？　要旨は何だろう。

「ヤドカリとイソギンチャクは、たがいに助け合って生きている」

そうだね。「ヤドカリとイソギンチャクは助け合って生きている」ことを教えるために、武田さんはこの文章を書いてくれたんだね。伝えたいことを伝えるだけなら、文章は短い方がいいよね。余計なことを書かれると、伝えたいことが何なのかわかりにくいもんね。読み取るのが大変だから、長い文章よりも短い文章の方が、短ければ短い方が伝えたいことは、はっきりとわかる。すぐわかる。いいじゃないか、これで。

「えー？」

説明文は短くしよう、要旨だけを並べよう！　ということではないんだね。

要旨は見えた。「ヤドカリとイソギンチャクはたがいに助け合って生きている」ということを伝えたいんだ。それを「へー、そうなの、わかったよ、武田さん！」と、読者に納得して受け取ってもらうために、どんな説明文を武田さんは書いているでしょうか。家をかいてみましょう。ワイワイタイム！

どんなヒントがほしい？

「要旨の文はいちばん最後にくるの？」

頭括型、尾括型かということ？　いい質問だね。最後にくる。尾括型です。

「文章は何段落？」

段落の数は七つです。

「えー、七つかぁ」

段落は七つの尾括型、と言えば家がかけそうかな？　おー、もうかいている人もいるよ。

「えー、無理！」

じゃあ、もうちょっとヒントを出すよ。尾括型と言っちゃったね。尾括型で「終わりの大部屋」は段落❼のみです。そして、「はじめの大部屋」には二つ書いています。「はじめの大部屋」が段落❶❷で、❼だけが「終わりの大部屋」です。

どんな説明文でしょうか。何か見えた人。

「おそらく『説明の大部屋』の小部屋は二つ」

「❷はきっと『どうしてヤドカリはイソギンチャクを貝がらにつけているのでしょう』って書いていると思う」

へー、すると、「はじめの大部屋」の性格で言うと？

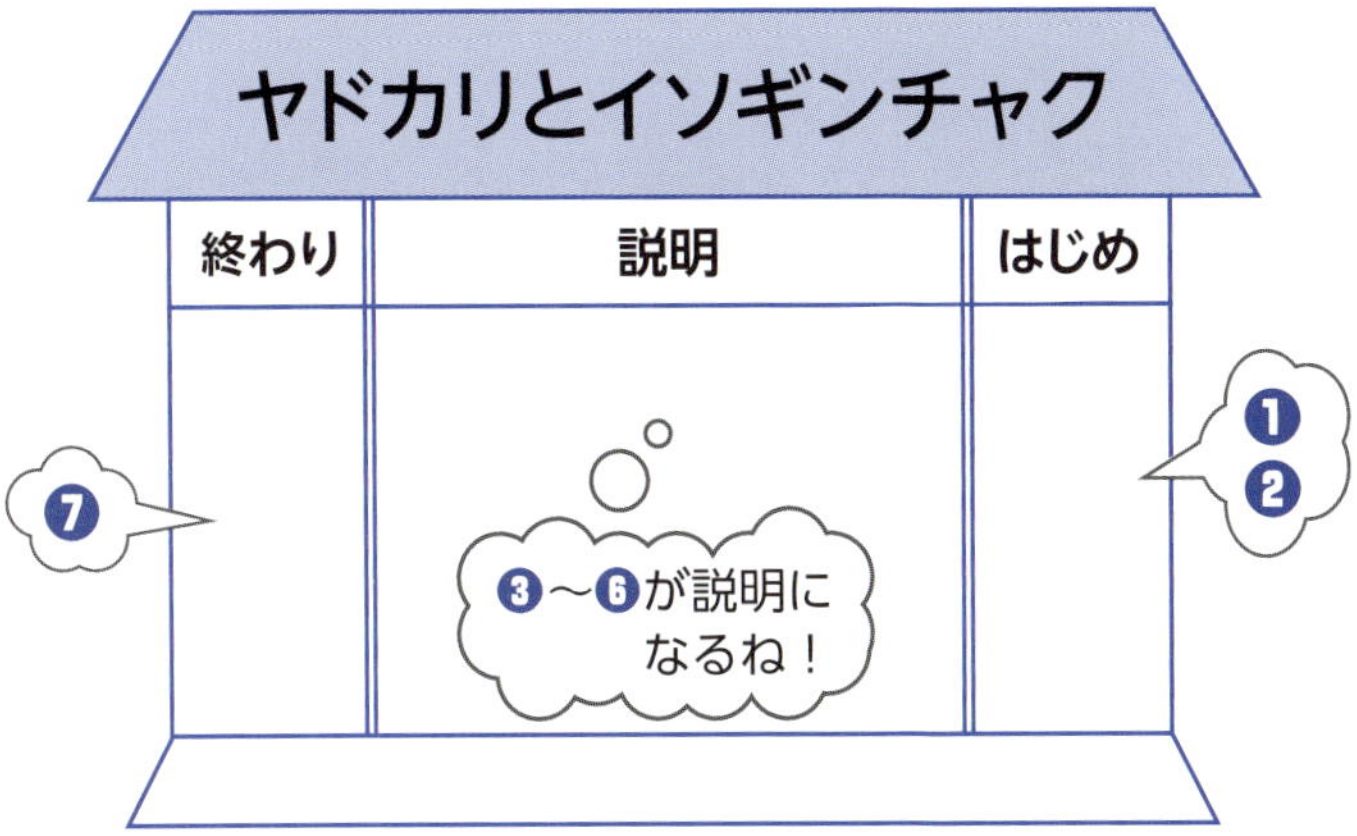

「大きな問いじゃないかなあ」

大きな問いか、へー。じゃあ、見てみようか。

ヤドカリとイソギンチャク

武田　正倫

❶ ヤドカリのなかまで、さんご礁に多いソメンヤドカリは、貝がらにイソギンチャクをつけて歩き回っています。観察してみると、ソメンヤドカリは、たいてい二つから四つのベニヒモイソギンチャクを、貝がらの上につけています。中には、九つものイソギンチャクをつけていたヤドカリの例も記録されています。このようなヤドカリのすがたは、いかにも重そうに見えます。

❷ なぜ、ヤドカリは、いくつものイソギンチャクを貝がらにつけているのでしょうか。

❸ このことを調べるために、次のような実験をしました。

❹ まず、おなかをすかせたタコのいる水そうに、イソギンチャクをつけていないヤドカリを放します。タコはヤドカリが大好物なので、長いあしですぐヤドカリをつかまえ、貝がらをかみくだいて食べてしまいます。

❺ 次に、イソギンチャクをつけているヤドカリを入れてみます。タコは、ヤドカリをとらえようとしてしきりにあしをのばしますが、イソギンチャクにふれそうになると、あわててあしを引っこめてしまいます。ヤドカリが近づくと、タコは後ずさりしたり、水そうの中をにげ回ったりします。

❻ 実は、イソギンチャクのしょく手は、何かがふれるとはりがとび出す仕組みになっています。そのはりで、魚やエビをしびれさせて、えさにするのです。タコや魚はこのことをよく知っていて、イソギンチャクに近づこうとはしません。それで、ヤドカリは、イソギンチャクを自分の貝がらにつけることで、敵から身を守ることができるのです。

❼　さんご礁の美しい海では、いくつものベニヒモイソギンチャクを貝がらにつけた、ソメンヤドカリを見ることができます。ヤドカリとイソギンチャクは、このように、たがいに助け合って生きているのです。

「はじめの大部屋」の性格は、段落❶で話題の提示。読者の興味・関心を引っ張っている。その上で、段落❷で、大きな問いを投げかける。

「説明の大部屋」は、小部屋というより実験。大きな問いに沿って実験をして、どうしてヤドカリはイソギンチャクをいくつもつけているんだろう、重たくはないのか、どうして？とたずね、それはね、敵から身を守るためにイソギンチャクをいっぱいつけているんだよ、という実験を通した説明。

「終わりの大部屋」で「ヤドカリとイソギンチャクは、このように、たがいに助け合って生きているのです。」と終わりのまとめをしている、と読める。

要旨はいいよね。最初から見えているからね。

小部屋を実験の前半と後半とか、実験結果と理由とで細かく分ける方法もあるだろうけれど、大きく実験として、細かい小部屋に分けるのはやめておこう。

いいかい。これが『ヤドカリとイソギンチャク』です。

「うーん」

「なんか変？」

「なんとなくおかしい」

どうして？　いちばんはじめに紹介した短い説明文、たった二文の説明文のときから「ヤドカリとイソギンチャクがたがいに助け合って生きている」ということを伝えたいということは見えているでしょ？　伝えたいために、わざわざ段落を七つにして、相当な文字数を使って、美しいしくみで武田さ

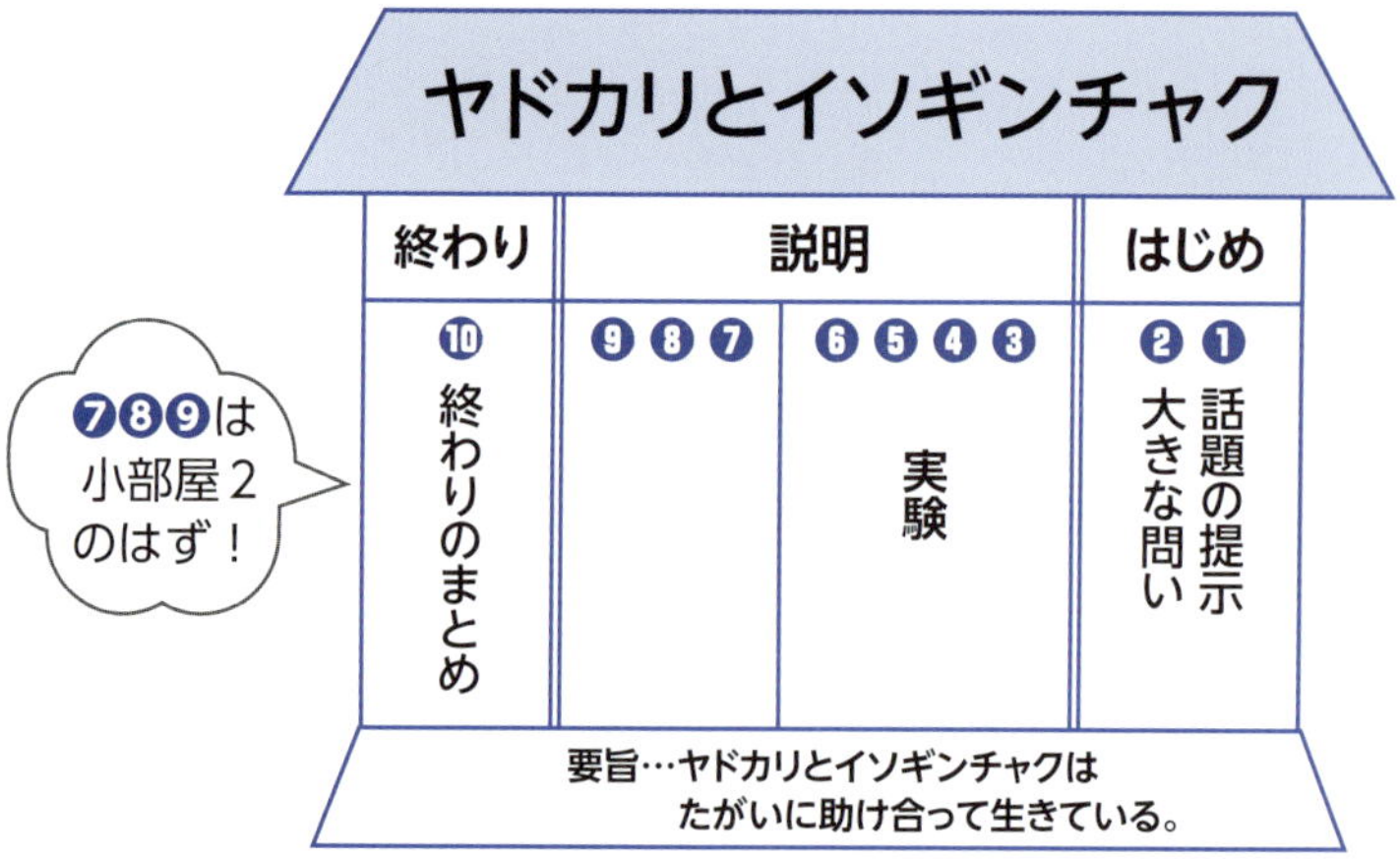

んは説明文、文章を書いています。伝えたいことは一緒です。

さっきの二文でもわかったでしょ？　短い文章でも伝えたいことは全部伝わる。ヤドカリとイソギンチャクはたがいに助け合って生きているんだ。「わかりました！」でも、「なるほどな」と納得して受け取っていない。だけどこうやって七つの段落の美しいしくみで捉えた文章を読むと、「なるほどな。確かに」と思うでしょ？　二文を読んだときよりも、納得している自分がいるでしょ？

「うーん、でもなんか変」

「もうちょっと、何かあるんじゃない？」

「すっきりしないよ。もうちょっと説明がほしい」

そうか？　何がほしい？

「段落❼で終わりじゃないんじゃないの？」

「七つの段落より、もっとあるはず」

もうちょっと長くあってほしいの？　そうか。実は、もうちょっと長いんだ。「終わりの大部屋」は段落❿。一つだけです。これは変わりません。二瓶ちゃんが隠していた❼❽❾があるんだね。

「そうか。なるほど」

「説明の大部屋」の❸❹❺❻まではさっき読んだのと一緒です。❼❽❾を隠していたんだ。❼❽❾には何を書いているでしょう。

要旨はわかっている。だったら、❼❽❾には何を書いてほしいか？　読者として書いてほしいことがあるよね？　要旨は？

「ヤドカリとイソギンチャクは、たがいに助け合って生きている」

たがいに助け合って生きているということを受け取るために、❸❹❺❻の説明だけでは、ちょっと足りないって言ったんだよね。

「うん」

「小部屋の二つ目がどうしてもほしい！」

小部屋の△1は実験1。だとしたら、小部屋の△2は？

「実験2のはず！」

「小部屋の△1だけで終わると変だよ」

「そもそもどうやって一緒になったんだろう。説明してほしいよ」

続きがあります。太い字になっているのが二瓶ちゃんが隠していた❼❽❾です。読んでみよう。

❼ では、ヤドカリは、石についたイソギンチャクを、どうやって自分の貝がらにうつすのでしょうか。ヤドカリが、イソギンチャクのはりでさされることはないのでしょうか。

❽ ヤドカリとイソギンチャクの関係を研究しているカナダのロス博士は、ヤドカリとイソギンチャクがどのようにしていっしょになるのか、水そうで観察しました。

❾ ソメンヤドカリを飼っている水そうに、石などについたベニヒモイソギンチャクを入れます。ヤドカリは、自分の貝がらにイソギンチャクをつけていても、イソギンチャクを見れば、いくつでもほしくなるようです。すぐ近づいてきて、あしを使ってイソギンチャクの体をつついたり、両方のはさみで引っぱったりして、イソギンチャクをはがしてしまいます。そして、かかえるようにして自分の貝がらの上におしつけるのです。ずいぶん手あらな方法に見えますが、イソギンチャクはしょく手をのばしたままで、いかにも気持ちよさそうに見えます。はりもとび出しません。

❿ さんご礁の美しい海では、いくつものベニヒモイソギンチャクを貝がらにつけた、ソメンヤドカリを見ることができます。ヤドカリとイソギンチャクは、このように、たがいに助け合って生きているのです。

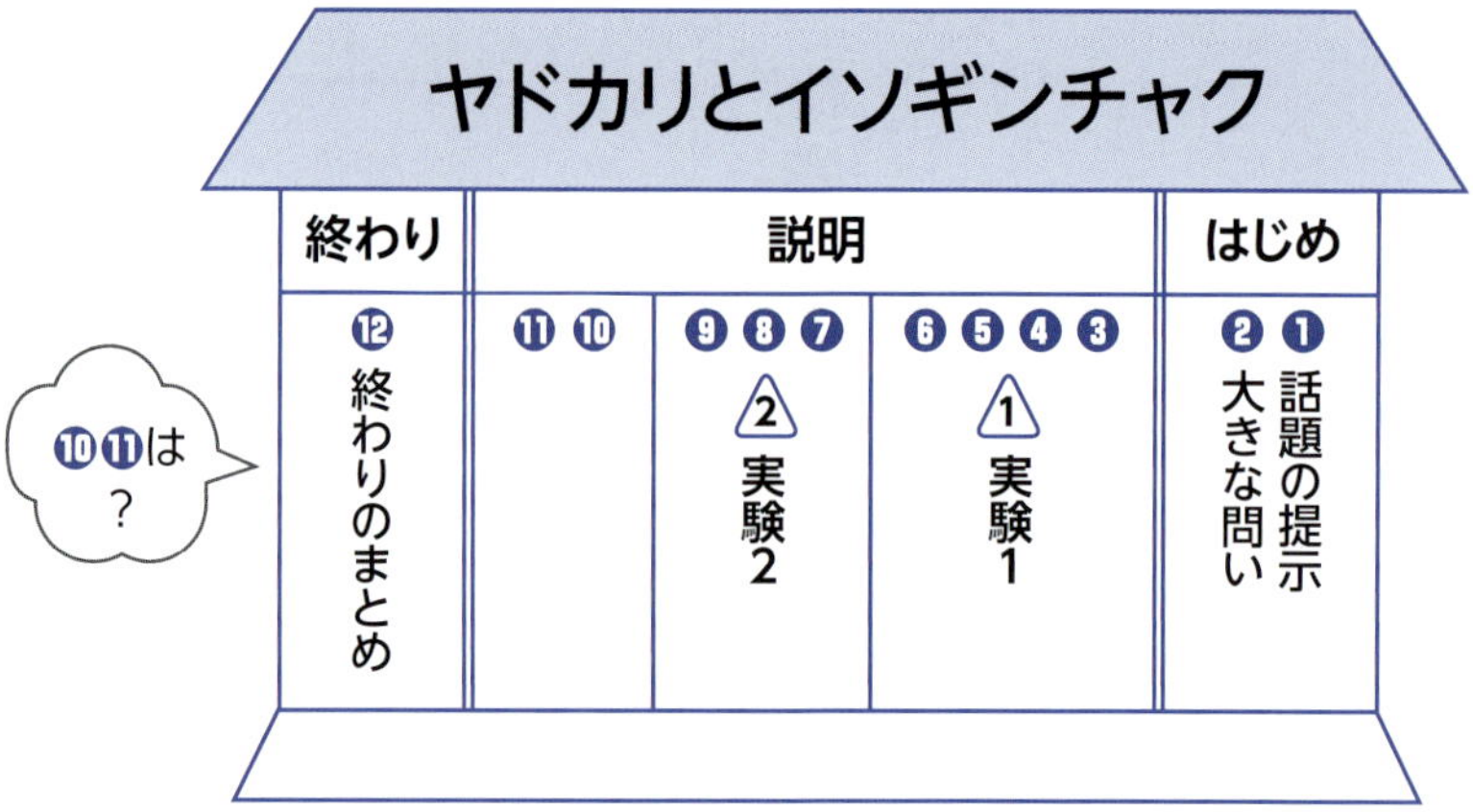

なるほどね。

「でも、なんで針を出さないのかな?」

「なんでイソギンチャクは気持ちよさそうにしているのかな?」

「まだ、なんだか変!」

「二瓶ちゃん、まだ隠しているんじゃないの?」

え? そうかい?

「なぜ針を出さない? なぜ気持ちよさそうにしているの? その理由を武田さんは説明しているに違いないよ!」

小部屋の二つ目があって、そして小部屋の三つ目がある。なるほど。本当は、「終わりの大部屋」は❿段落ではなくて、⓬段落です。

「ほら、やっぱり!」
❿⓫を隠しています。❿⓫で三つ目の小部屋です。❸❹❺❻が小部屋△1の「実験1」、❼❽❾が小部屋△2の「実験2」、そして二瓶ちゃんが最後まで隠していたのが❿⓫で小部屋△3「実験3」がくるんだ。実験と言うか観察だけれど。❿⓫で説明していることは何でしょう。説明してほしいことは何だろう。
「なぜ針を出さないのか」

なるほど。小部屋△1で説明しているのはなんだっけ?

「ヤドカリの方のメリット。何の得があるのか!」

おお、なるほど。では小部屋△2は?

「どうやって一緒になるのか、の説明」

そうか、じゃあ三つ目の小部屋では何が書かれているかな?

「イソギンチャクのメリット。何の得があるのか!」

イソギンチャクの方にどんな利益があるのか、知りたいよね。

「知りたい！　説明してほしいよ」

では、配ります。この十二段落の説明文が、本当に武田さんの書いた「ヤドカリとイソギンチャク」の本文です。二瓶ちゃんが隠していた⑩⑪はまた太い字にしてあります。

ヤドカリとイソギンチャク

武田　正倫

❶ ヤドカリのなかまで、さんご礁に多いソメンヤドカリは、貝がらにイソギンチャクをつけて歩き回っています。観察してみると、ソメンヤドカリは、たいてい二つから四つのベニヒモイソギンチャクを、貝がらの上につけています。中には、九つものイソギンチャクをつけていたヤドカリの例も記録されています。このようなヤドカリのすがたは、いかにも重そうに見えます。

❷ なぜ、ヤドカリは、いくつものイソギンチャクを貝がらにつけているのでしょうか。

❸ このことを調べるために、次のような実験をしました。

❹ まず、おなかをすかせたタコのいる水そうに、イソギンチャクをつけていないヤドカリを放します。タコはヤドカリが大好物なので、長いあしですぐヤドカリをつかまえ、貝がらをかみくだいて食べてしまいます。

❺ 次に、イソギンチャクをつけているヤドカリを入れてみます。タコは、ヤドカリをとらえようとしてしきりにあしをのばしますが、イソギンチャクにふれそうになると、あわててあしを引っこめてしまいます。ヤドカリが近づくと、タコは後ずさりしたり、水そうの中をにげ回ったりします。

❻ 実は、イソギンチャクのしょく手は、何かがふれるとはりがとび出す仕組みになっています。そのはりで、魚やエビをしびれさせて、えさにするのです。タコや魚はこのことをよく知っていて、イソギンチャクに近づこう

とはしません。それで、ヤドカリは、イソギンチャクを自分の貝がらにつけることで、敵から身を守ることができるのです。

❼ では、ヤドカリは、石についたイソギンチャクを、どうやって自分の貝がらにうつすのでしょうか。ヤドカリが、イソギンチャクのはりでさされることはないのでしょうか。

❽ ヤドカリとイソギンチャクの関係を研究しているカナダのロス博士は、ヤドカリとイソギンチャクがどのようにしていっしょになるのか、水そうで観察しました。

❾ ソメンヤドカリを飼っている水そうに、石などについたベニヒモイソギンチャクを入れます。ヤドカリは、自分の貝がらにイソギンチャクをつけていても、イソギンチャクを見れば、いくつでもほしくなるようです。すぐ近づいてきて、あしを使ってイソギンチャクの体をつついたり、両方のはさみで引っぱったりして、イソギンチャクをはがしてしまいます。そして、かかえるようにして自分の貝がらの上におしつけるのです。ずいぶん手あらな方法に見えますが、イソギンチャクはしょく手をのばしたままで、いかにも気持ちよさそうに見えます。はりもとび出しません。

❿ **では、イソギンチャクは、ヤドカリの貝がらにつくことで、何か利益があるのでしょうか。**

⓫ **ヤドカリについていないベニヒモイソギンチャクは、ほとんど動きません。ですから、えさになる魚やエビが近くにやってくるのを待つしかありません。しかし、ヤドカリについていれば、いろいろな場所に移動することができるので、その結果、えさをとる機会がふえます。また、ヤドカリについていると、ヤドカリの食べ残しをもらうこともできるのです。**

⓬ さんご礁の美しい海では、いくつものベニヒモイソギンチャクを貝がらにつけた、ソメンヤドカリを見ることができます。ヤドカリとイソギンチャクは、たがいに助け合って生きているのです。

（東京書籍「新しい国語」平成二十七年度　四年上）

「なるほど～」
「あー、すっきりした」
「ようやく納得できるね！」
すっきりしたでしょう？　ホッとしている自分がいるよね。伝えたいことを伝えるためには、いちばん最初に配った、二文の文章で十分なんだよ。要旨を伝えるだけならば、二文で済む。伝えたいことはすぐにわかってもらえるよ。だけど、筆者は伝えたいことを「納得して」受け取ってほしいがゆえに文章を書く。比べたら、相当の文字数です。最初の要旨だけと比べたら、何倍もの文字数です。

でも、ここまで来るときに我々は「もっと長くして！」と思ったんだよ。

「もっと説明して！」「もう少し、すっきり、納得して受け取りたいから、わかっているなら教えてくれない？」という思いで、「次があるはず」「もっとあるはず」と思いながら読んできたでしょ？

最終的には十二段落の長い文章でした。

なぜ、高学年になると、説明文は長くなるのだろう。五年生、六年生になるともっと長い説明文が待っている。なぜ、長いかわかりますか？　どうして長いの？

高学年の説明文が長いのは、勉強をむずかしくするために長くしているんじゃない。君たちに「なるほどな」と納得して、伝えたいことを受け取ってもらいたいがゆえに、長くせざるを得ないんだ。長くすることによってわかってもらおうとしている。精いっぱいの表現の工夫が「説明の大部屋」の長さ、小部屋の数になっているんだ。五年生、六年生になると、長い説明文を読む。そのときに感謝しなさい。

「長い説明文を書いてくれてありがとう」と（笑）。

はじめから長い説明文を嫌だと思うな。説明文が長いということは、精いっぱいの筆者の好意だ。筆者の精いっぱいの工夫が、長い説明文だ、ということです。

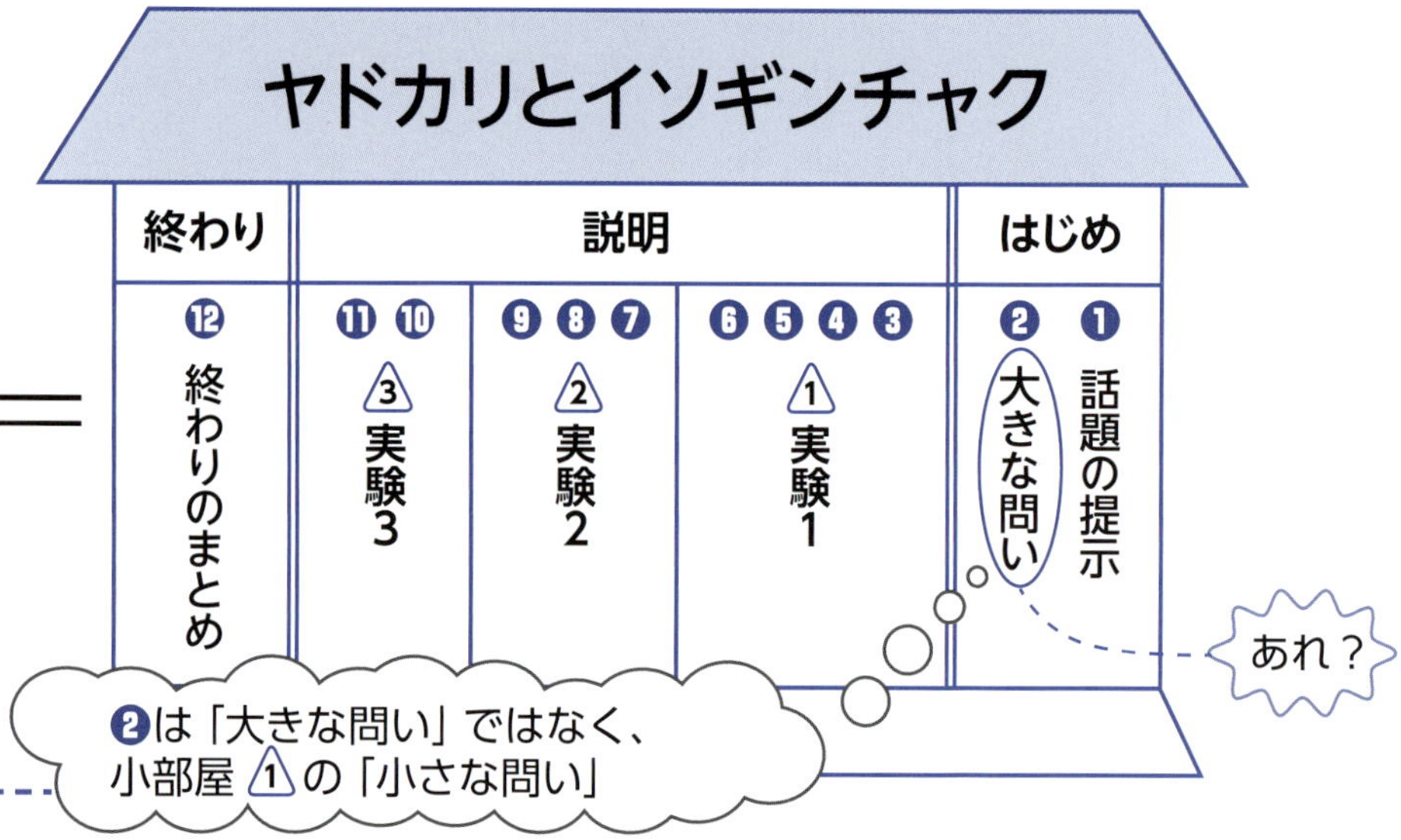

『ヤドカリとイソギンチャク』でも、小部屋は三つがどうしても必要。
まず一つ目の小部屋は、イソギンチャクをつけているヤドカリの利益は何か。
二つ目の小部屋は、ヤドカリはイソギンチャクをどうやってのせるのか。
三つ目の小部屋は、針を出さずにヤドカリと一緒にいるイソギンチャクの利益は何か。
この論の展開、小部屋の並べ方も意味ある並べ方だ。直接の実験は小部屋の△1だけ。小部屋の△2は観察したことをもとにしている、すなわち、事実をもとにして三つの小部屋を並べている。

十二段落の説明文のしくみです。これでいいですか？

「❷がおかしいかも」

え？どういうこと？

「だって、❷はヤドカリのことを言っているでしょ？　でも、十二段落の説明文になったら、ヤドカリとイソギンチャク、両方のことを話しているでしょ」

「❷は『はじめ』じゃなくて『説明』だよね」

「はじめの大部屋」の捉え方が間違っているということ？

「そう、❷を『はじめの大部屋』に入れたのは、段落が七つの説明文のときのことでしょ？　七つの説明文だとしたら、大きな問いだけど、本当に武田さんの書いた十二段落の説明文だったら、はじめにあったらおかしいよ」

なるほど。段落が七つの説明文のときには大きな問いとして「はじめの大部屋」に入るけれど、十二段落の説明文だったら、段落❷の「それなのになぜ、

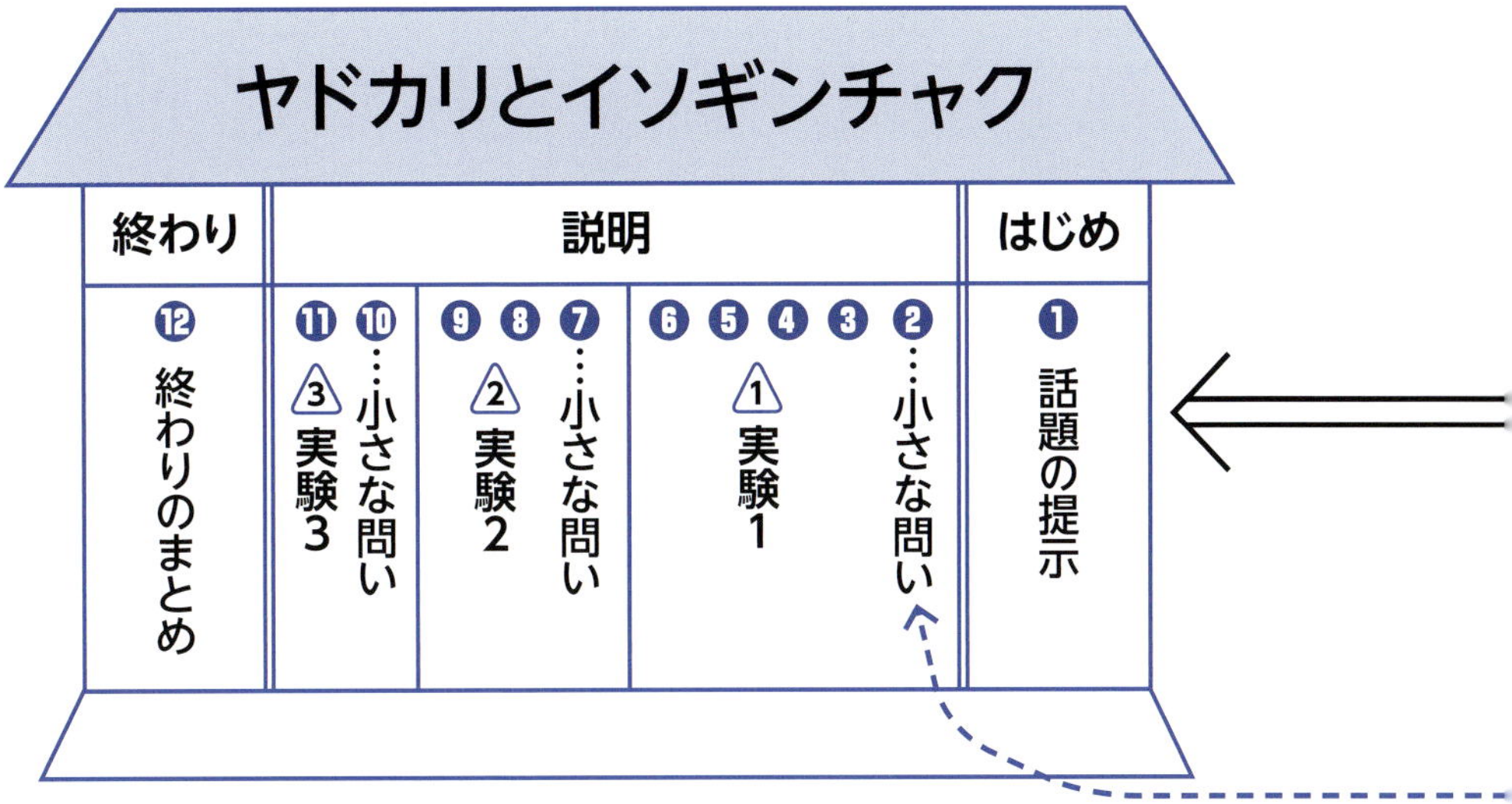

ヤドカリは、いくつものイソギンチャクを貝がらにつけているのでしょうか？」は文章全体に関わる大きな問いではなくなるの？

「小部屋△1に関わる小さな問いになる」

「段落❷は『説明の大部屋』の、小部屋△1に入っているということだよ」

「段落❷は大きな問いではなくて、小部屋△1の小さな問い」

ほう。段落❷を小部屋△1に対する小さな問いと捉えたら、段落❼も気になるよね。

---

❼　では、ヤドカリは、石についたイソギンチャクを、どうやって自分の貝がらにうつすのでしょうか。ヤドカリが、イソギンチャクのはりでさされることはないのでしょうか。

これも小さな問いだ。小さな問いを小部屋△2の最初にもってきている。小さな問いを小部屋の最初で投げかけておいて、「それはね」と説明している。

さらにもう一つ大切な問いは？

「❿だ！　段落❿も小さな問いだよ！」

---

❿　では、イソギンチャクは、ヤドカリの貝がらにつくことで、何か利益があるのでしょうか。

なるほど、これも小さな問いだね。イソギンチャクの利益は？と投げかけておいて、それはね、と説明している。三つの小部屋とも同じように、問いを投げかけ、それはね、と説明しているんだね。

十二段落の説明文をあらためて読み直してみると、実に美しいしくみの説明文であることに気づかされる。

教科書教材では十二段落の説明文を前にして読む。そして、美しいしくみを捉える。しかし、一段落、たった二文の説明文、要旨を見せてスタートするのも面白い。

小部屋を考えることで、最終的に美しいしくみの説明文であるということを示した授業を紹介した。

高学年への学びを想定し、四年生段階では、ぜひとも長文を読む意識づけの学習を取り入れていただきたい。

四年生段階では……

説明文の典型的な美しいしくみを再度確認・定着させる。

説明文を能動的に、自ら進んで学ぶ意識を獲得させる。

一段落・二文の短い説明文から段階を追って長文の説明文になる理由を考える。

精いっぱいの表現の工夫が本論の長さ、小部屋の数になっていることに気づかせる。

★子どもは必要性を感じないままに長文を与えられても苦痛なだけ。「こんなに長い説明文は読めない」「読みたくない」「面白くない！」。ところが、長いはずの説明文から部分だけを与えられると、見えないところが見たくなる。家型の説明文の美しいしくみの学びがあれば、「ここに説明が入るはずだ」「ヤドカリのメリットが書いてあるのに、イソギンチャクのメリットが書いていないのはおかしい！」と、与えられない部分の予測がつき、学習意欲がわく。高学年での学びを見据え、取り入れたい実践だ。

第4章

高学年で獲得させたい「読みの力」はこれだ！

学習材：『めだか』

『すがたをかえる大豆』

『インスタント食品とわたしたちの生活』

『日本の子どもたちと、世界の子どもたち』

五年生 「廊下段落 レッドカーペット」を学ぶ

「説明文の家」の用語を切り替える

「説明文の家」の用語は、私の国語教室独自の用語なので、学習指導要領にある共通の言葉を使った学習にどこかで切り替える必要がある。

高学年になったら、「はじめの大部屋」を別の学習用語「序論」という名前で学ぶ。「説明の大部屋」は「本論」、「終わりの大部屋」は「結論」という名前になり、「説明の大部屋」の中の小部屋は、それぞれ「意味段落」と呼ぶことを教える。

筆者には伝えたいことがあり、そのために精いっぱい言葉を選び、文をつくり、そして形式段落をつくり、意味段落でまとめ、全体としては、序論・本論・結論という大きな三つのまとまりで書いている。優れた説明文はどれも「美しいしくみ」をもっている。

よりよい伝え方を考えるなら、例えば「実際は、四つの小部屋で例を挙げているけれど、もっと例があったほうがいい」、「もっと小部屋を増やしてほしいな」といった改善策の検討もできる。

説明文では「筆者が伝えたいことは何か」ということをつかみ、要旨を受け取ることが大切だ。説明文を読んで、「私はこんなことを強く感じました」という感想をもってもしかたがない。

要旨を受け取った上で、説明文の筆者が伝えたいことがどのように表現されているかを検討し、筆者の伝えたい考えや意見に対して、読者として自分の意見・感想をもつことが最終のゴールとなることを、高学年の最初におさえ直す。

さらに低・中学年での系統的な学習がなされていない場合は、これまでの学びを振り返るために五年生の説明文の学びの一時間目は『いろいろなふね』から入る。

『いろいろなふね』は一年生の教材だが、私はこれを高学年まで繰り返し使う。

大切なのは、なんとなく読むのではなく、妥当な読みをすること。説明文の美しいしくみを正確に捉え、常に文章に立ち戻り、詳しく読む学習を繰り返し指導したい。

『いろいろなふね』の序論は❶。❷から本論が始まり、結論は⓮。これはすぐにつかめる。

ただ、性格の検討をせずに、序論は❶だけ、結論は⓮だけというのでは弱い。

序論は段落❶と捉えた私がいる。では序論の性格は？　話題の提示、話題の紹介で捉えていいだろう。問いはもたない。はじめのまとめの性格も考えるのが苦しい。やはり、「船にはいろいろなものがありますよ」と、船に関わる話題を提示していると捉えるのが妥当だろう。

ただ、高学年になると、「話題の提示で良いと思うんだけれど、はじめのまとめっぽいんじゃない？」という子もいる。もしその意見が出て、どうして？とたずねたときに、「だってね、普通、話題の提示って、もう少し長いんじゃないの？」という答えが返ってきたとする。

「話題を紹介するのなら、もうちょっと文を使うよ。でも、この序論って、たった一文でしょ？　『ふねにはいろいろなものがあります。』って、短く言い切っているから、はじめのまとめっぽい気もする」

「たしかに、短く言い切っているから、紹介というよりも、伝えたいことに関わってビシッと言っているような感じ、あるよね」というような子もいる。

もう一つ、題名の問題もある。

説明文の題名は、きわめて重要なことだと思え、と何回も繰り返していろいろな説明文でおさえるように指導している。

伝えたいことがあって書いている文章に、題名はわずかな言葉しか使えない、その題名にそのわずかな言葉を筆者が選んでいるのだから、それは伝えたいことの中心、要旨と深く関わっているに違いないと思って、題名は捉えよ。これは、低学年段階から子どもに意識させなければいけないことだ。

この説明文は「いろいろなふね」という題だ。そして、段落❶では、『ふねにはいろいろなものがあります。』と、短く言い切っている。短いこの文の中に題名がそっくり入り込んでいる。だから、単なる話題の提示にしておくのはどうかな? という意見がもし出たとすれば、私は認める。

「じゃあ、うちのクラスでは、『いろいろなふね』の序論の性格は、話題の提示の性格がすごく強くて、はじめのまとめもちょいアリかな、にしておこうか」とする。無視はできない。基本は話題の提示だけれど、はじめのまとめもアリではないかな? という意見が出たら、私は認める。

でも、要旨とは直結ではない。いろいろなふねがあって、そのいろいろなふねの、あるいろいろについて、焦点化している。あることを伝えたい。要旨はさらに深い。

高学年で「はじめのまとめ」と言う子がいたら認める。出なかったら、流すだろう。

序論で話題の提示(「はじめのまとめ」も)。

結論は「いろいろなふねが、それぞれのやく目にあうようにつくられています。」

結論部分の性格は「終わりのまとめ」。問いに対応する答えは外しておこう。「筆者の考え・メッセージ」までは、ちょっと弱い。やはり「このように」とくくってまとめる「終わりのまとめ」と捉えられる。

となると、伝えたいことの中心、すなわち要旨は、すでに見えている。くくってまとめて「このように」パターンだから、結論部分を短くまとめればいい。要旨は? と言われたら「いろいろな船が、それぞれの役目に合うようにつくられている。」と書ける。

ただし、伝えたいことを正確に、納得して受け取っているか? と言われたらどうか。伝えたいことはこうだ、とわかっているけれど、確かに納得して受け取ってはいない。

伝えたいことを納得させるために、段落❷から⓭まで使って、こんなに広い本論の大部屋を書いている。ここを読まずして、伝えたいことはこうでしょ？　なんて言ってはいけない。筆者に対して甚だ失礼だし、これで「読んだ」とは言えない。だから本論を読めということだ。

高学年最初の説明文の授業『いろいろなふね』を用いて、説明文を読む心構えも確認する。

長文に挑戦する

高学年の長文に向けて、私の国語教室で学ぶ教材が、『めだか』。めだかの1と2、どちらも美しいしくみの説明文。なにも引っかかることはしていない。まずは1から、素直に読んでいただきたい。

めだか　1

杉浦　宏

❶
めだかの学校は　川の中
そっとのぞいて　みてごらん
そっとのぞいて　みてごらん
みんなで　おゆうぎ
しているよ

（茶木　滋『めだかの学校』より）

❷
春になると、小川や池の水面近くに、めだかがすがたをあらわします。めだかは、大変小さな魚です。体長は、大人になっても三、四センチメートルにしかなりません。

❸
めだかは、のんびり楽しそうに泳いでいるようですが、いつも、たくさんのてきにねらわれています。「たがめ」や「げんごろう」、「やご」や「みずかまきり」などの、水の中にいるこん虫は、とくにこわいてきです。大きな

魚や「ざりがに」にもおそわれます。

❹ では、めだかは、そのようなてきから、どのようにして身を守っているのでしょうか。

❺ 第一に、小川や池の水面近くでくらして、身を守ります。水面近くには、やごやみずかまきりなどの、てきがあまりいないからです。

❻ 第二に、すいっ、すいっとすばやく泳いで、身を守ります。近づいてきたてきから、さっとにげることが上手です。

❼ 第三に、小川や池のそこにもぐっていって、水をにごらせ、身を守ります。近づいてきたてきに見つからないようにかくれます。

❽ 第四に、何十ぴきもあつまって泳ぐことによって、身を守ります。てきを見つけためだかが、きけんがせまっていることを仲間に知らせると、みんなはいっせいにちらばります。そして、てきが目うつりしている間に、にげてしまいます。

❾ 小川や池の中で泳いでいるめだかは、歌にあるように、「おゆうぎ」をしているようにしか見えないかもしれません。しかし、めだかは、いろいろな方法でてきから身を守りながら生きているのです。

美しいしくみの説明文。段落は九つ。結論はすぐに見えるはずだ。

結論の大部屋は？

「❾」

「❽までは説明をしているよ」

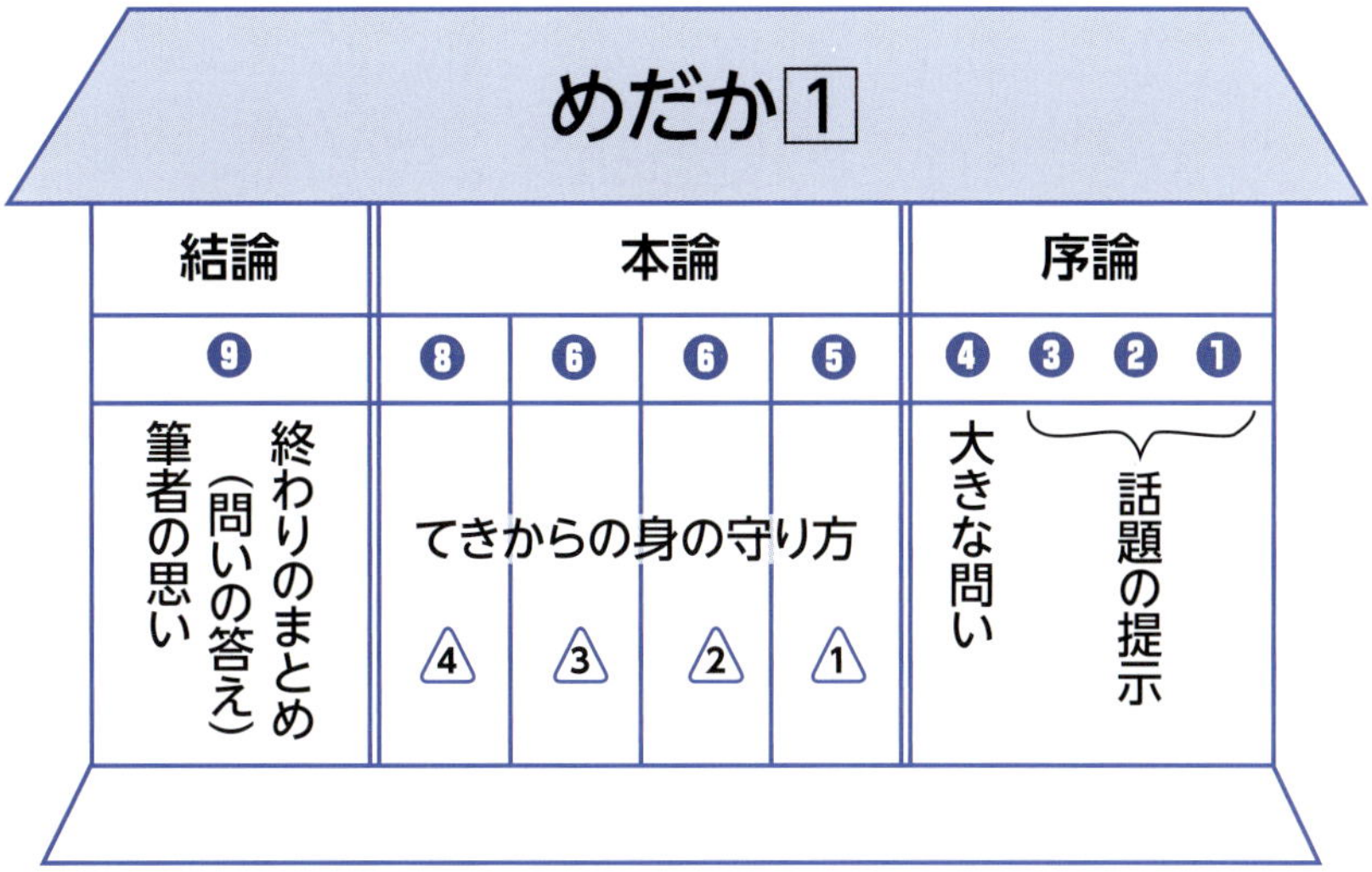

❶は話題の提示だね。❷は？

「まだ話題の提示」

そうだね。❸も話題の提示かな。❹の「では、めだかは、そのようなてきから、どのようにして身を守っているのでしょうか。」を大きな問いと捉えれば、もう見えるよね。序論は？

「❶から❹まで」

「本論が❺から❽」

「結論が❾」

❹の大きな問いがきわめて重要になる。何を具体的に説明しているのか、といえば、本論で「どのようにして敵から身を守っているのか」を説明していることがわかる。

第一に、第二に、とナンバリングしてあるから、小部屋は四つ。四つの小部屋で△1、△2、△3、△4と問いに関わって説明をしている。

結論が「めだかは、いろいろな方法でてきから身を守りながら生きている」なので、結論の性格は、「終わりのまとめ」と「大きな問いの答え」。さらに段落❶の歌の中の「おゆうぎ」が結論に繰り返されているところから、筆者の思いが感じられるはずだ。

「歌にあるように、『おゆうぎ』をしているようにしか見えないかもしれません。しかし、」の「しかし」というところから、めだかに対する筆者の思い、めだかは精いっぱい生きているんだよ、という思いを受け止めよう。

要旨は、「歌にあるように、『おゆうぎ』をしているようにしか見えないが、めだかは、いろいろな方法でてきから身を守りながら生きている」だろうか。

段落❶の話題の提示。歌詞を使って、めだかの学校を紹介しているが、きわめて重要な言葉がある。伝えたいことに関わって…。

「おゆうぎ」

そうだね。「みんなで『おゆうぎ』しているよ」といい、最後に「ただ『おゆうぎ』をしているようにしか見えないかもしれません。しかし、めだかは、…」と筆者の思いを伝えているから、この「おゆうぎ」はきわめて大事な言葉だ。

段落❷も話題の提示だけれど、なんとなくの話題の提示ではない。大事な言葉はなに？

「大変小さな魚です」

小さな魚だということを言っている。

段落❸も話題提示。「たくさんのてきにねらわれている」と「敵」のことを言っている。

おゆうぎをしているように見えるよね。めだかはとても小さな体の魚だよ。たくさんの敵がいる。この❶❷❸を踏まえて、段落❹で「では、めだかは、そのようなてきから、どのようにして身を守っているのでしょうか。」と、大きな問いを投げかけている、という捉えだ。

それはね、と本論の小部屋1、2、3、4で、敵からの身の守り方を説明している。小部屋の名前は、端的に言えば、敵からの身の守り方1、2、3、4でもいい。もう少し名前を長くするとすれば、一つ目は「水面近くでくらす身の守り方」、二つ目は「すばやく泳ぐ身の守り方」、三つ目は「そこにもぐって水をにごらせる身の守り方」、四つ目は「まとまって泳ぐ身の守り方」となるだろう。このように名前を長くしていけば、小部屋の中身がより詳しくわかる。敵からの身の守り方を四つの小部屋で説明していると捉えられる。

これを受けて、「このように」いろいろな方法で敵から身を守りながら生きている。だから、おゆうぎをしているようにしか見えないけれど、頑張って生きているんだよ、という思いが最後に込められている、というような説明文と捉えられるだろう。

杉浦さんには、同じ題名の文章が、もう一つあります。めだか[2]です。こちらも美しいしくみの説明文です。読んでみましょう。めだか[1]と比べながら読んでみると面白いよ。

めだか [2]

杉浦　宏

❶
めだかの学校は　川の中
そっとのぞいて　みてごらん
そっとのぞいて　みてごらん
みんなで　おゆうぎ
しているよ
（茶木　滋『めだかの学校』より）

❷ 春になると、小川や池の水面近くに、めだかがすがたをあらわします。めだかは、大変小さな魚です。体長は、大人になっても三、四センチメートルにしかなりません。

❸ 夏の間、何日も雨がふらないと、小川や池の水がどんどん少なくなり、「ふな」や「こい」などは、次々に死んでしまいます。でも、めだかは、体が小さいので、わずかにのこされた水たまりでもだいじょうぶです。小さな水たまりでは、水温がどんどん上がりますが、めだかは、四十度近くまでは、水温が上がってもたえられます。

❹ 一方、雨がたくさんふって、きけんがせまることもあります。大雨になると、小川や池の水があふれ、めだかは大きな川におし流されてしまいます。大きな川から海に流されてしまうこともあります。ふつう、真水でくら

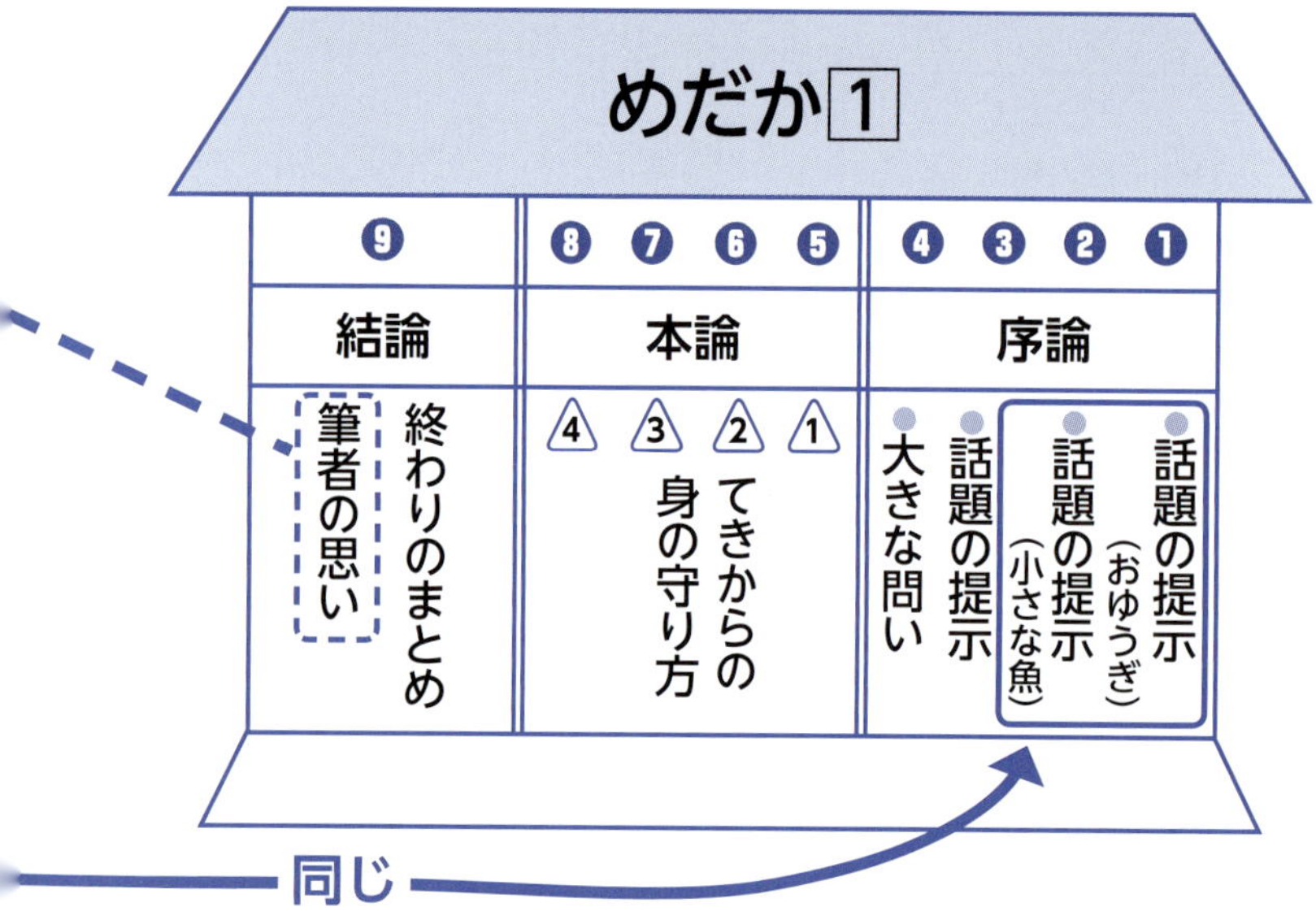

す魚は、海水では生きることができませんし、海にすむ魚は、真水の中では死んでしまいます。しかし、めだかの体は、真水に海水のまざる川口の近くでもたえられるようにできています。海に流されためだかは、やがて、みちしおに乗って、川にもどることもあります。

❺　小川や池の中で泳いでいるめだかは、歌にあるように、「おゆうぎ」をしているようにしか見えないかもしれません。しかし、めだかは、自然のきびしさにたえながら生きているのです。

段落❶と❷は1と一緒でした。段落❺を結論と捉える。あらためて読んでみると「小川や池の中で泳いでいるめだかは、歌にあるように、『おゆうぎ』をしているようにしか見えないかもしれません。」この一文はめだか1と同じです。でも次の文が微妙に違う。「しかし、めだかは、自然のきびしさにたえながら生きているのです。」

　すると、筆者の思いは一緒です。「めだかは、おゆうぎをしているようにしか見えないけれど、頑張って生きているんだよ」という思いが感じられます。ただし、終わりのまとめが違う。「自然のきびしさにたえながら生きている」と言っている。

　1では「いろいろな方法でてきから身を守りながら生きている」だったのが2では「自然のきびしさにたえながら生きている」になっている。

　となれば、1と2の違いは、本論部分だね。1では、敵からの身の守り方を△1、△2、△3、△4とナンバリングして説明していた。では2

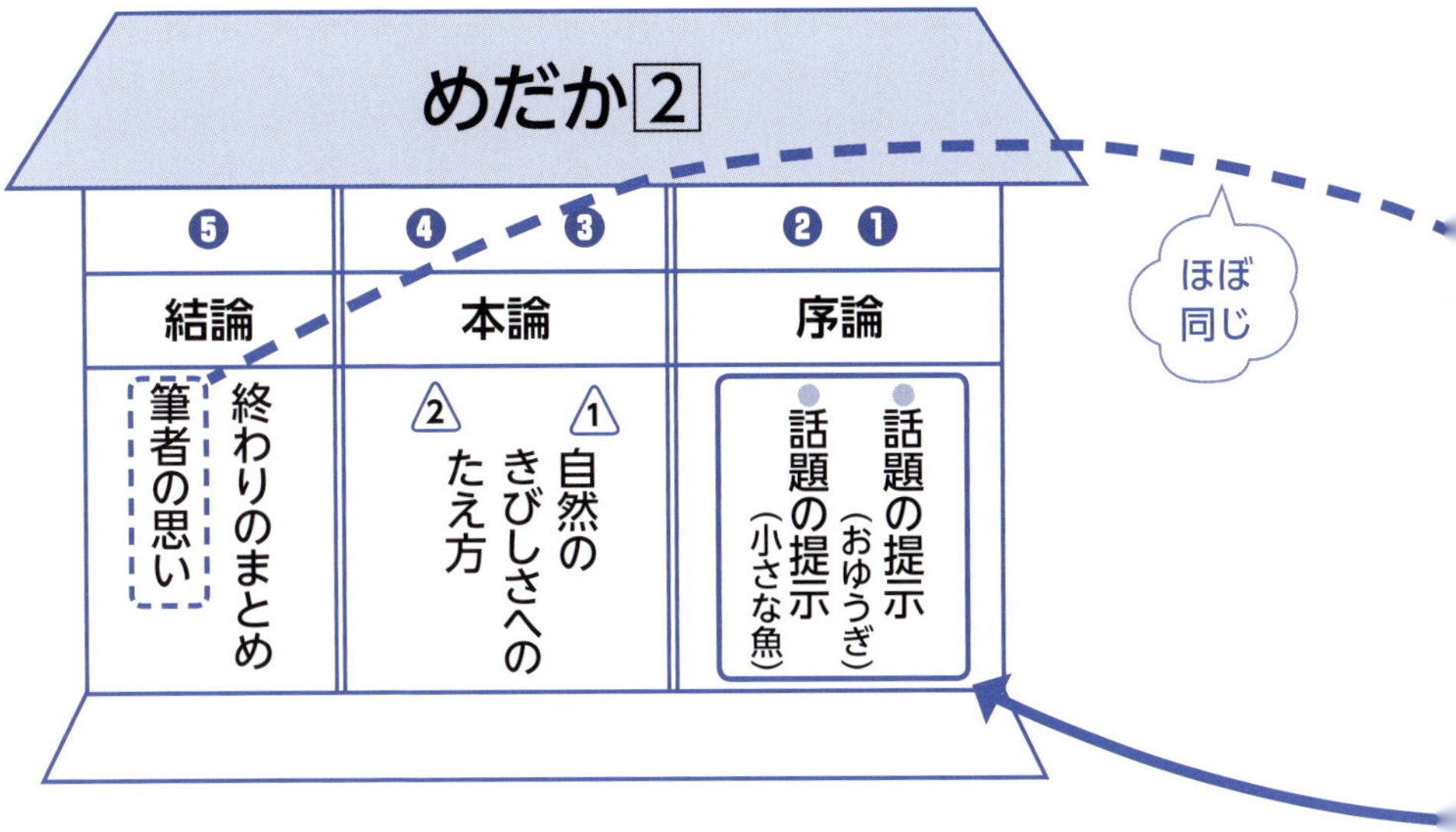

の本論では、何を説明しているのかな？

「自然のきびしさにどのようにたえているか」

そうだね。自然のきびしさにこのようにたえているよという説明がされている。つまり、本論はどこから始まっているのかな？

「❸と❹」

❸と❹で、本論の説明がされている。自然のきびしさにたえているという説明をしている。小部屋はいくつ？

「二つ」

本論は小部屋が二つ。自然のきびしさへのたえ方△1、△2で良いかな？ 小部屋の名前をつけるとすると？

「何日も雨がふらなくて水温が上がる」

雨が少ないから「少雨」にしようか。そうしたら小部屋△2の方は？

「大雨！」

なるほど。

「小部屋△1は『高い水温』にして、小部屋△2は『海水』にしました」

おお、それもアリだね。兄弟姉妹のように名前をつけているから、いいね。

少ない雨や高い水温に耐えている、大雨や海水にも耐えて生きている、そんなめだかは、ただおゆうぎをしているだけではないんだよ、頑張って生きているんだよ。という最後の筆者の思いが伝わる説明文だ。

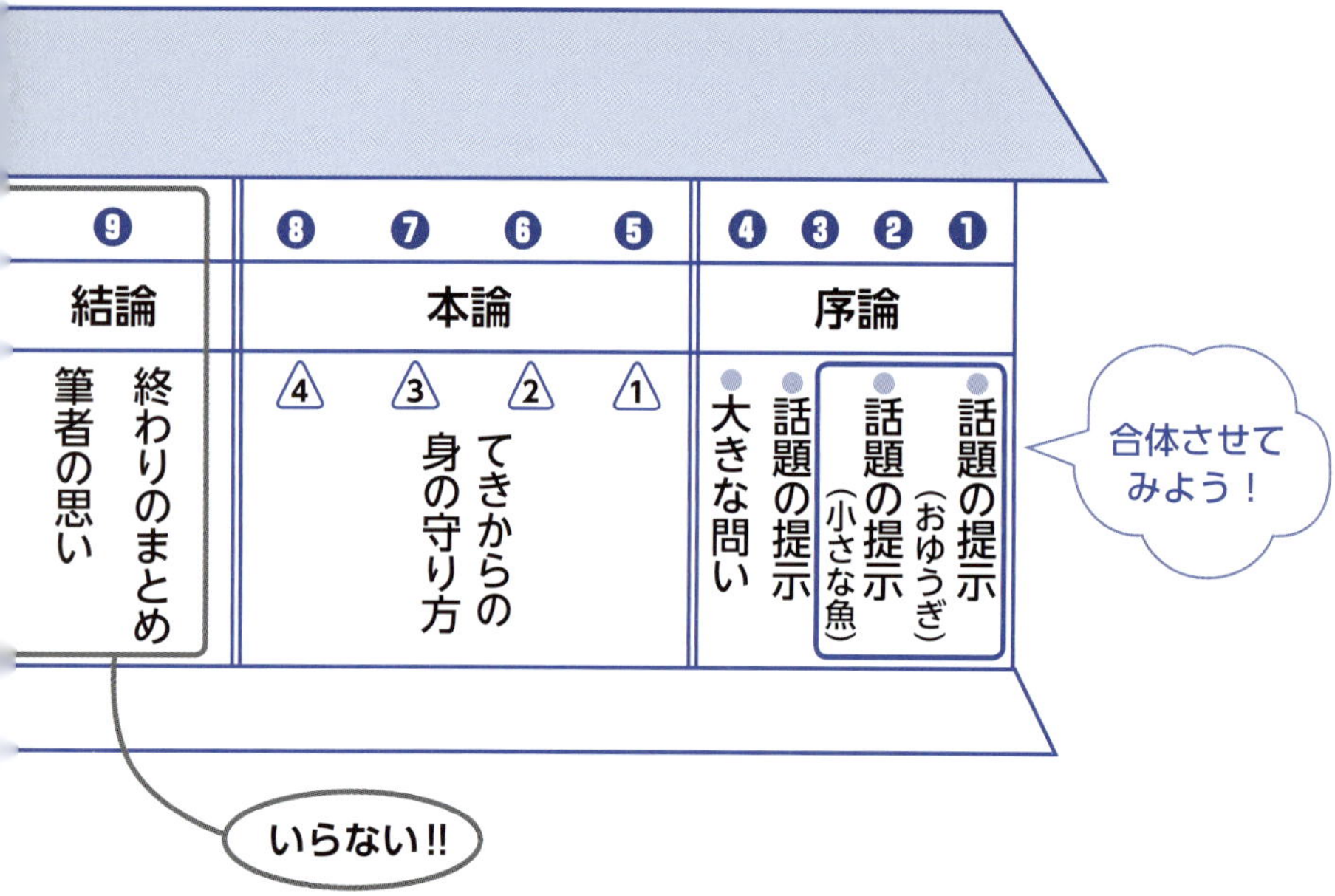

段落❶は話題の提示で「おゆうぎ」。
段落❷も話題の提示で「小さな魚」ということでいいかな？

74・75ページに、めだか1と2、二つの家を並べ、比べてみた。

めだか1は九段落、めだか2は五段落。両方の説明文とも、伝えたいことをわかってもらう、納得してもらうために、序論・本論・結論の美しいしくみで、精いっぱいの表現の工夫をしている。

めだか1は「てきからの身の守り方」をもとにして、おゆうぎをしているように見えるけれども、頑張って生きているよ、ということを書いている。

めだか2は「自然のきびしさにたえている」ことをもとにして、頑張って生きているという思いにつないでいる。

どちらのめだかがいいだろう？

めだかに対する思いは一緒だから、どっちのめだかの方が受け取るものがある？

「1のほうがいい」
「2のほうがいいよ」
「どっちもいい」
「えー、どっちもいいよ」

めだかはおゆうぎしているわけではないよ。めだかはね、…というのなら、1と2のどちらか、というのではなくて、二つともくっつけて

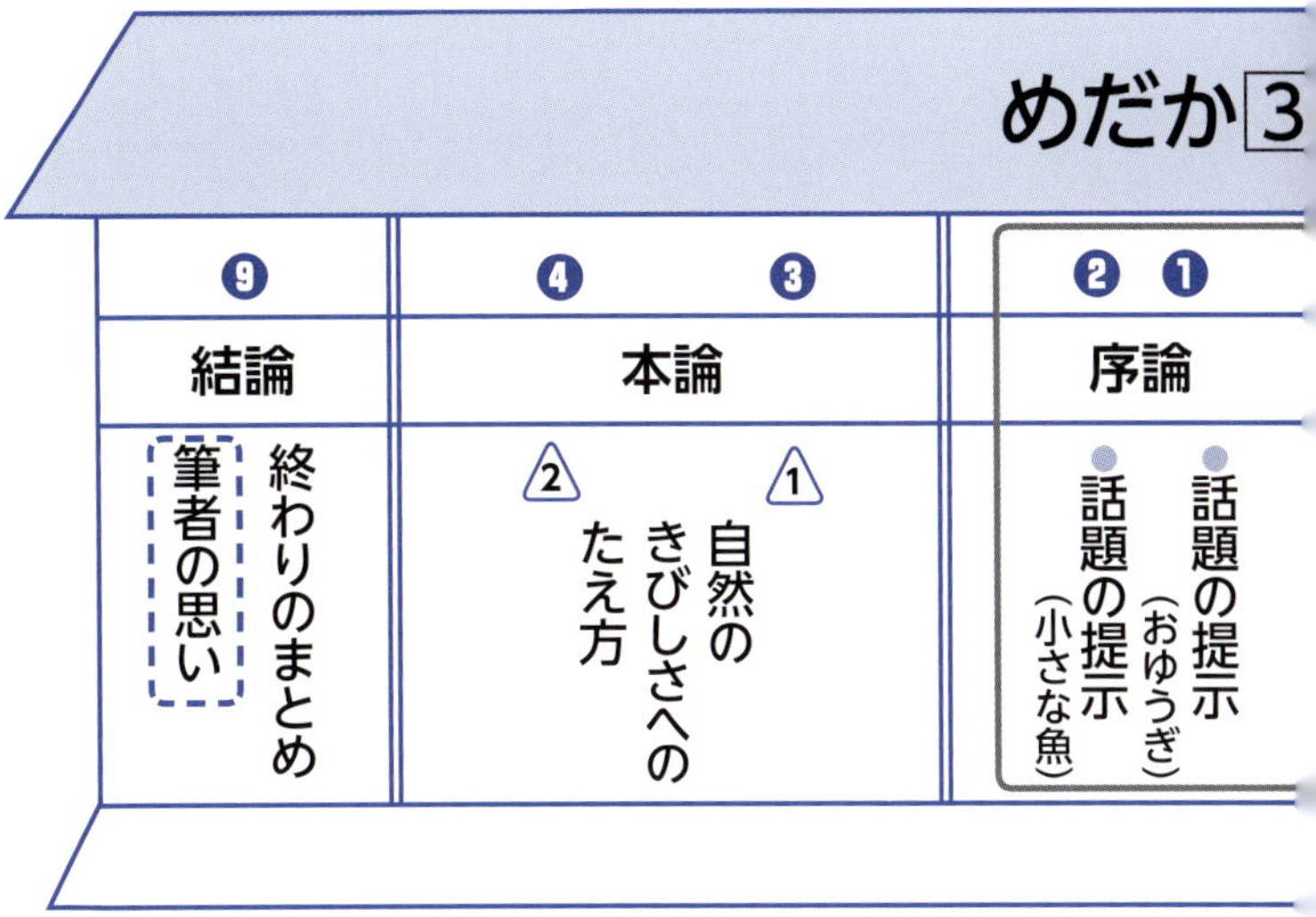

あったら、より伝わるものがないかな？　納得して受け取れない？
めだか1とめだか2を合体させた説明文を、もし杉浦さんが書いているのなら、その説明文って、きっとビンビンと伝わるのではないか？　敵から身を守っているよ、自然の厳しさに耐えているよ、おゆうぎをしているわけではないよ！　という説明文になりそうだね。

「合体させてみればいいよ」

合体？

「うん、できそう！」

よし、めだか1と2を合体させためだか3をつくってみよう。

美しいしくみだから、屋根は一つでいいね。要旨も同じだから、土台も一つにしてしまおう。いまのままだと、序論・本論・結論、序論・本論・結論になっているから、どこかを削ればいいな、と見えてこないか？

じゃあ、みんなでめだか3を考えてみよう。いらない段落はどこ？

「めだか1の結論がいらない！」

なるほど。外してみよう。

「めだか2の序論もいらないよ」

「話題の提示は、めだか1の序論でやっているから、なくていい」

そうだね、同じことをやっているから、これも外そう。すると、本論の大部屋が大きくなるんだね。本論の前半で、敵からの身に守り方が△1、△2、△3、△4ときて、後半で、自然の厳しさに耐える体を△1、△2と二つの小部屋で紹介して、最後におゆうぎをしているように見えるけれど頑張って生きているよという結論がある。

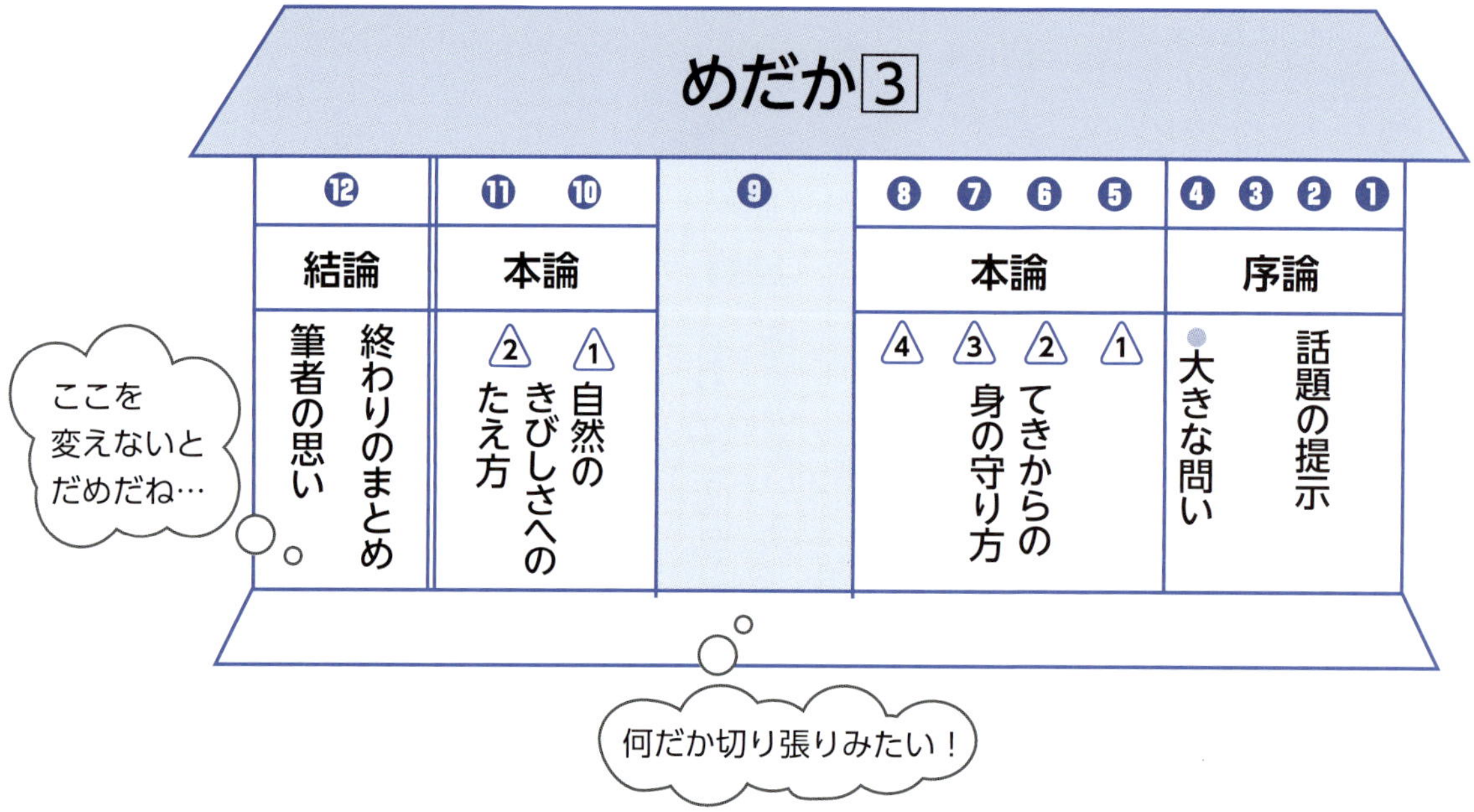

「うーん、切り張りしてくっつけたみたい」

「なんだか、あまり美しくないよね」

どういうこと？

「このままだと、めだか3の結論のままじゃないの？」

なるほど、めだか3の結論としては、結論部分をちょっと書き換えないといけないね。どういうふうに書き換える？

めだか3の結論部分は、めだか2のままではいけない。ちょっと書き換えましょう。どのように書き換えますか？　こんなふうに書き変えたいな、という人？

「小川や池の中で泳いでいるめだかは、歌にあるように、『おゆうぎ』をしているようにしか見えないかもしれません。しかし、めだかは、いろいろな方法でてきから身を守り、自然のきびしさにたえながら生きているのです」

なるほど。本論の前半部分と後半部分の両方を受けた「終わりのまとめ」にしているんだね。素晴らしい！

杉浦さんのめだか3は、結論の部分を変えています。あともう一か所、さっき、だれかが「切り張りみたい」と言ったけれど、本論の前半と後半をただ並べると、確かに切り張りみたいだよね。敵からの身の守り方四つを述べたあとで、すぐに雨が降らないと、と話を変えると、いきなりな感じがするよね。

そこで、杉浦さんはここに、新たにつなぎの段落を設けていらっしゃいます。

このつなぎの段落が大切な表現の工夫になります。どんなつなぎの段落を杉浦さんは書いていらっしゃるでしょうか？

めだか[3]は段落番号を振り直してみると、段落⑫。新たに段落⑨を付け加えているのが、精いっぱいの表現の工夫です。段落⑨にはどんなことが書いてあるのでしょうか？

「では、めだかは自然のきびしさにどんなふうにたえているのでしょうか」

なるほど。『ヤドカリとイソギンチャク』と同じようにしたんだね。ほかに。

「しかし、てきから身を守っても、それだけでは生きていけません」

ほー、敵から身を守っても、それだけでは生きていけない、と言っておいて、自然の厳しさの話につなげるんだね。

「てきだけではなくて、ほかにもきびしい環境があるよ」

なるほど。敵のこと以外に、厳しい環境のことを言っておいて、雨の話につなげるんだね。

「ただし、めだかのてきは生きものだけではないのです」

なるほど。いろいろな「つなぎ」が考えられそうだね。

では、めだか[3]を配ります。読んでみましょう。

めだか 3

杉浦　宏

❶
めだかの学校は　川の中
そっとのぞいて　みてごらん
そっとのぞいて　みてごらん
みんなで　おゆうぎ
しているよ
（茶木　滋『めだかの学校』より）

❷ 春になると、小川や池の水面近くに、めだかがすがたをあらわします。めだかは、大変小さな魚です。体長は、大人になっても三、四センチメートルにしかなりません。

❸ めだかは、のんびり楽しそうに泳いでいるようですが、いつも、たくさんのてきにねらわれています。「たがめ」や「げんごろう」、「やご」や「みずかまきり」などの、水の中にいるこん虫は、とくにこわいてきです。大きな魚や「ざりがに」にもおそわれます。

❹ では、めだかは、そのようなてきから、どのようにして身を守っているのでしょうか。

❺ 第一に、小川や池の水面近くでくらして、身を守ります。水面近くには、やごやみずかまきりなどの、てきがあまりいないからです。

❻ 第二に、すいっ、すいっとすばやく泳いで、身を守ります。近づいてきたてきから、さっとにげることが上手です。

❼ 第三に、小川や池のそこにもぐっていって、水をにごらせ、身を守ります。近づいてきたてきに見つからないようにかくれます。

❽ 第四に、何十ぴきもあつまって泳ぐことによって、身を守ります。てきを見つけためだかが、きけんがせまっ

ているることを仲間に知らせると、みんなはいっせいにちらばります。そして、てきが目うつりしている間に、にげてしまいます。

❾ **めだかは、こうして、てきから身を守っているだけではありません。めだかの体は、自然のきびしさにもたえられるようになっているのです。**

❿ 夏の間、何日も雨がふらないと、小川や池の水がどんどん少なくなり、「ふな」や「こい」などは、次々に死んでしまいます。でも、めだかは、体が小さいので、わずかにのこされた水たまりでもだいじょうぶです。小さな水たまりでは、水温がどんどん上がりますが、めだかは、四十度近くまでは、水温が上がってもたえられます。

⓫ 一方、雨がたくさんふって、きけんがせまることもあります。大雨になると、小川や池の水があふれ、めだかは大きな川におし流されてしまいます。大きな川から海に流されてしまうこともあります。ふつう、真水でくらす魚は、海水では生きることができませんし、海にすむ魚は、真水の中では死んでしまいます。しかし、めだかの体は、真水に海水のまざる川口の近くでもたえられるようにできています。海に流されためだかは、やがて、みちしおに乗って、川にもどることもあります。

⓬ **小川や池の中で泳いでいるめだかは、歌にあるように、「おゆうぎ」をしているようにしか見えないかもしれません。しかし、めだかは、いろいろな方法でてきから身を守り、自然のきびしさにたえながら生きているのです。**

（教育出版　「小学国語」平成二十七年度　三年上）

実は、このめだか3こそが、教育出版の三年生の現行教材である。それをあらためて捉え直してみると、これまでの学びを発展させるために、きわめて有効な教材になる。

発展させるというのは、本論の表現のしかた。本論は段落❺から⓫まで、前半後半、二つの中部屋に分かれていると捉える。

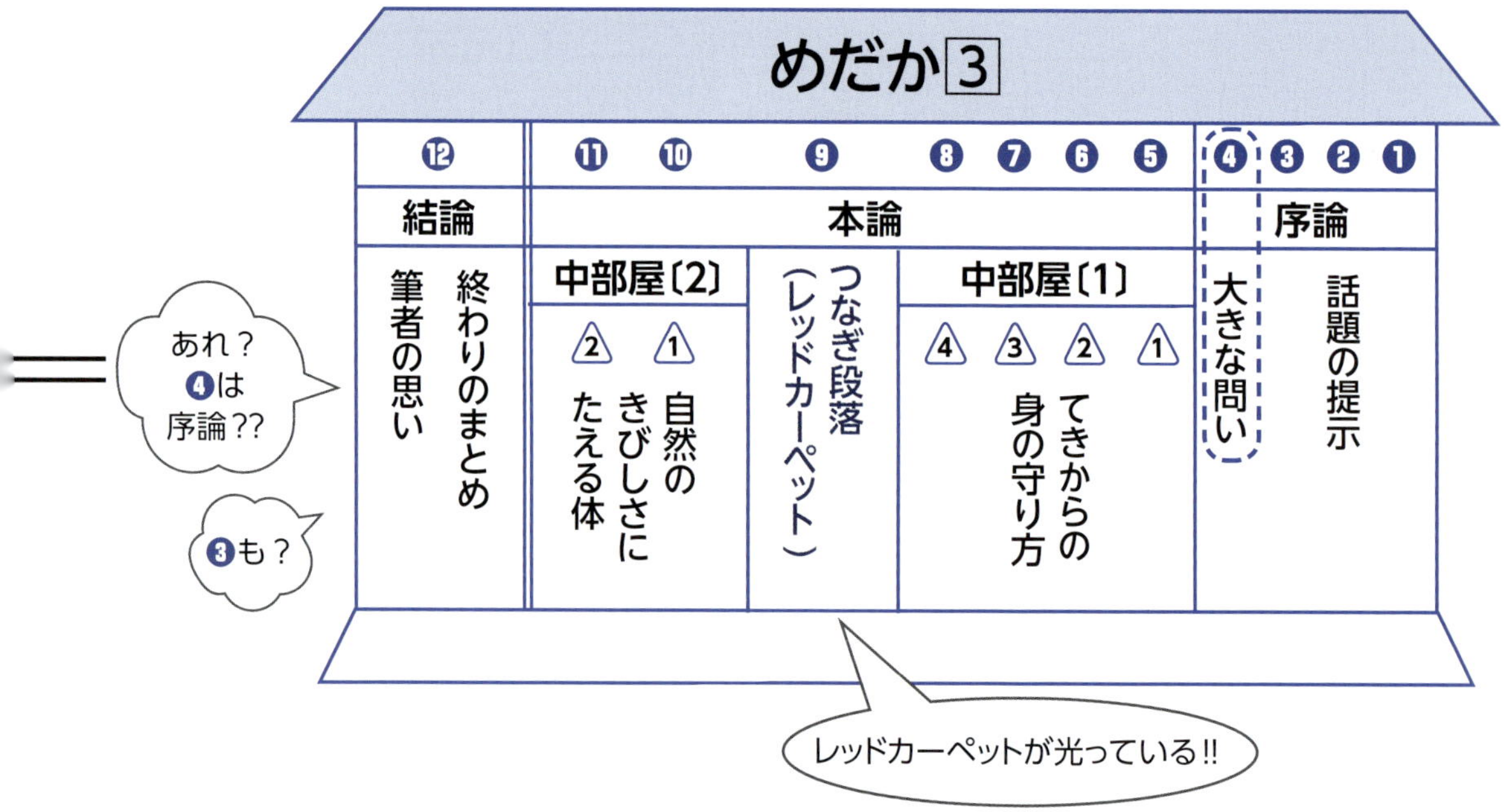

中部屋〔1〕は小部屋四つ、中部屋〔2〕は小部屋二つ。さらに、中部屋二つをつなぐ「つなぎ段落」の存在がきわめて重要だ、と教える。家で言うと中部屋と中部屋をつなぐ廊下。私の国語教室では「レッドカーペット」と呼んでいる。

レッドカーペットの敷かれている、光り輝く廊下段落。この存在こそがきわめて重要な働きをしている段落である。どんな長文も、美しいしくみで捉える際に、中部屋〔1〕の方は、敵からの身の守り方を四つでまとめているな。中部屋〔2〕の方は、自然の厳しさへの耐え方を二つのことから言っているな。そして結論は、それを受けている。これ以上美しいしくみはない。廊下段落は、レッドカーペットが敷かれた国会の廊下やホテルの廊下のイメージ。赤いじゅうたんの敷かれたアカデミー賞の受賞会場のような、燦然と光り輝く廊下だ。

長文を読むとき、本論が長いときに、この光り輝くレッドカーペットの敷かれている廊下を「あ、ここはレッドカーペットじゃない?」と捉えて読めれば、すべて読める。

つまり、レッドカーペットは、これまでは敵からの身の守り方を説明してきたけれども、このあとは自然の厳しさに耐えていることを説明してあげるよ、とわざわざ言ってくれる。だから、レッドカーペットが見えた途端に、あの長い説明文の本論が美しく見えてくる。

いままではこんなことを言ってきたよ、このあとはこんなことを説明するよ、とレッドカーペットが教えてくれる。だから「長文を読むときにはレッドカーペットを意識しなさい」と教える。レッドカーペット

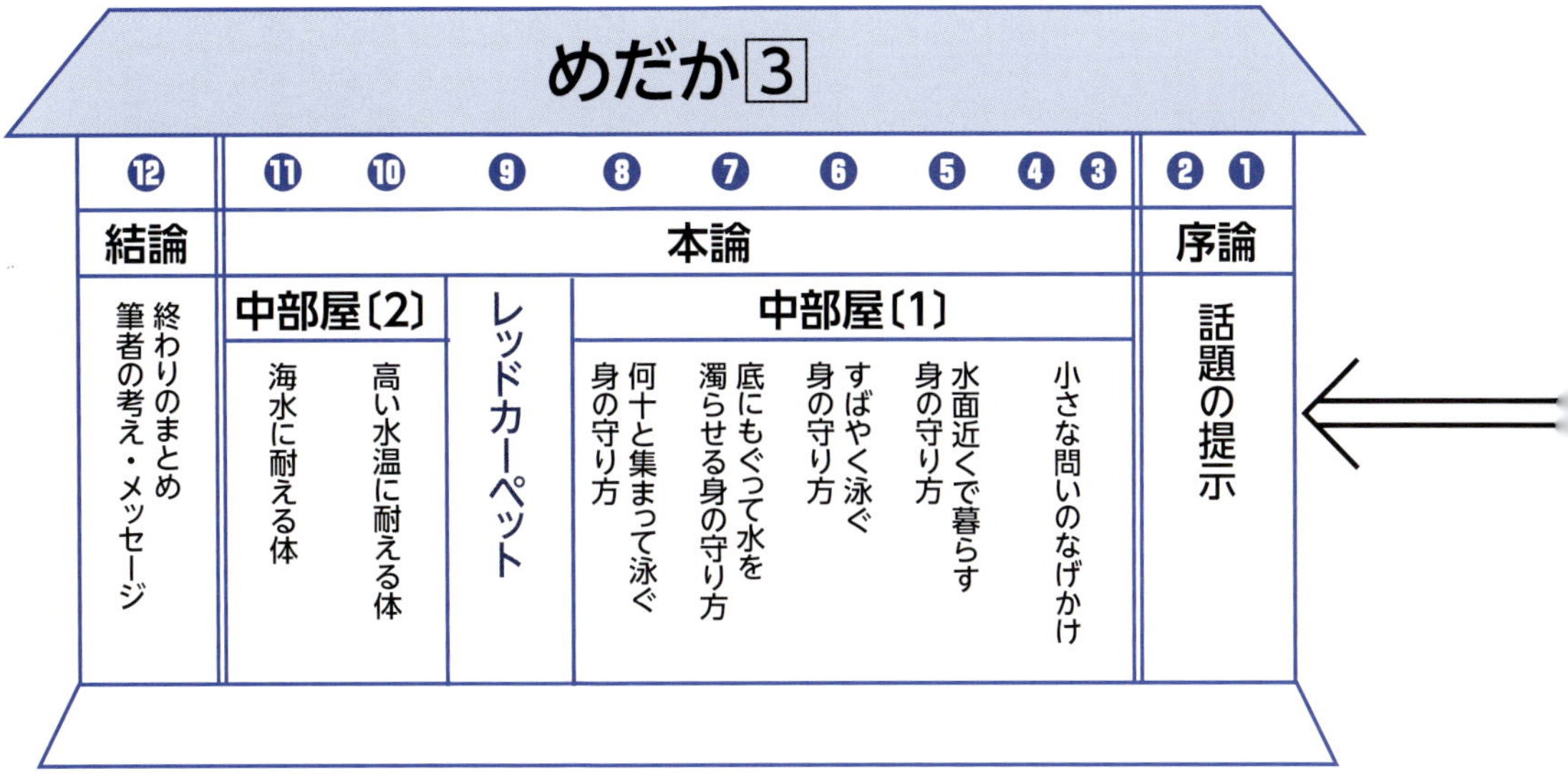

は光り輝いて見える。その存在を意識して読みなさい、と教えるのだ。

レッドカーペットの廊下段落をもつ説明文が、美しいしくみの完成型だ。この意識をもって、高学年の長文を読んでいく。

めだか③を終わっていいですか？　これで終わっていいですか？

「なんか、スッキリしない」

「段落❹の大きな問いがおかしくない？」

「めだか①では、段落❹が大きな問いだったけれども、めだか③になったら、この❹は大きな問いじゃないんじゃないの？」

もともと序論にある「大きな問い」とは、文章全体に関わる問いのことを言う。しかし、合体させた場合は、自然の厳しさという観点の異なるめだか②の内容が入ってくるので、どのように敵から身を守っているのかというめだか①の問いは、文章全体に関わっているとは言えなくなる。だから、「大きな問い」を「中部屋〔1〕」に関わる「小さな問い」に変えなければいけない。すなわち❹は中部屋〔1〕、つまり本論に入れなければいけない。

❹は中部屋〔1〕に入れればいいんだね。これでいいですか？

「まだおかしいんじゃない？」

「そう言うんなら、❸の文も敵がいるよ、ということを言っているから、全体じゃなくて、中部屋に入るんじゃないの？」

❸の文も敵がいるという中部屋〔1〕だけの「話題の提示」をしているので、❸の文も中部屋〔1〕、敵に関わる小さな話題の提示になる。

つまり、序論では、みんなでおゆうぎしているよ、小さな魚だよ、という話題の提示があって、めだかには敵がいる、その敵からどのようにして身を守っているのか、という小さな問いがあり、このように身を守っているという△1、△2、△3、△4の四つの小部屋の説明があり、敵だけではなくて自然の厳しさもあるよ、とレッドカーペットでつないで、高い水温に耐える体のこと、海水に耐える体のことを説明している、という捉えだ。

レッドカーペットを敷いてみる

物語には『ごんぎつね』や『大造じいさんとがん』のように、典型教材が存在するが、説明文には典型教材がない。教科書が変わると教材が変わるから、共通教材が少ないのだ。そうした中で有名な教材に『すがたをかえる大豆』がある。

すがたをかえる大豆

国分 牧衛

❶ わたしたちの毎日の食事には、（中略）大豆がそれほど食べられていることは、意外と知られていません。大豆は、いろいろな食品にすがたをかえていることが多いので気づかれないのです。

❷ 大豆は、ダイズという植物のたねです。（中略）かたい大豆は、そのままでは食べにくく、消化もよくありません。そのため、昔からいろいろ手をくわえて、おいしく食べるくふうをしてきました。

❸ いちばん分かりやすいのは、大豆をその形のままいったり、にたりして、やわらかく、おいしくするくふうです。いると、豆まきに使う豆になります。水につけてやわらかくしてからにると、に豆になります。正月のおせちりょうりに使われる黒豆も、に豆の一つです。（略）

❹ 次に、こなにひいて食べるくふうがあります。もちやだんごにかけるきなこは、大豆をいって、こなにひいたものです。

❺ また、大豆にふくまれる大切なえいようだけを取り出して、ちがう食品にするくふうもあります。大豆を一ばん水にひたし、なめらかになるまですりつぶします。（中略）しぼり出したしるに　にがりというものをくわえると、かたまって、とうふになります。

❻ さらに、目に見えない小さな生物の力をかりて、ちがう食品にするくふうもあります。ナットウキンの力をかりたのが、なっとうです。むした大豆にナットウキンをくわえ、あたたかい場所に一日近くおいて作ります。コウジカビの力をかりたものが、みそやしょうゆです。（略）

❼ これらのほかに、とり入れる時期や育て方をくふうした食べ方もあります。ダイズを、まだわかくてやわらかいうちにとり入れ、さやごとゆでて食べるのが、えだ豆です。また、ダイズのたねを、日光に当てずに水だけをやって育てると、もやしができます。

❽ このように、大豆はいろいろなすがたで食べられています。ほかの作物にくらべて、こんなに多くの食べ方が考えられたのは、大豆が味もよく、畑の肉といわれるくらいたくさんのえいようをふくんでいるからです。そのうえ、やせた土地にも強く、育てやすいことから、多くのちいきで植えられたためでもあります。大豆のよいところに気づき、食事に取り入れてきた昔の人々のちえにおどろかされます。

（光村図書「国語」平成二十七年度　三年下）

きわめて美しいしくみだ。いままでの学びをもとに、『すがたをかえる大豆』を読んでみよう。

結論は？

「段落❽」

「『このように』ときているから」

性格は？

「終わりのまとめプラス筆者の思い」

❼は本論、❻も❺も❹も❸も。となると、❸からは本論として捉えよう。❶と❷が序論。話題の提示プラス、はじめのまとめだ。

本論の段落❸は一つ目の小部屋。工夫①、そのときの例が、その形のままでいったり、煮たりする工夫（豆まきの豆や煮豆）

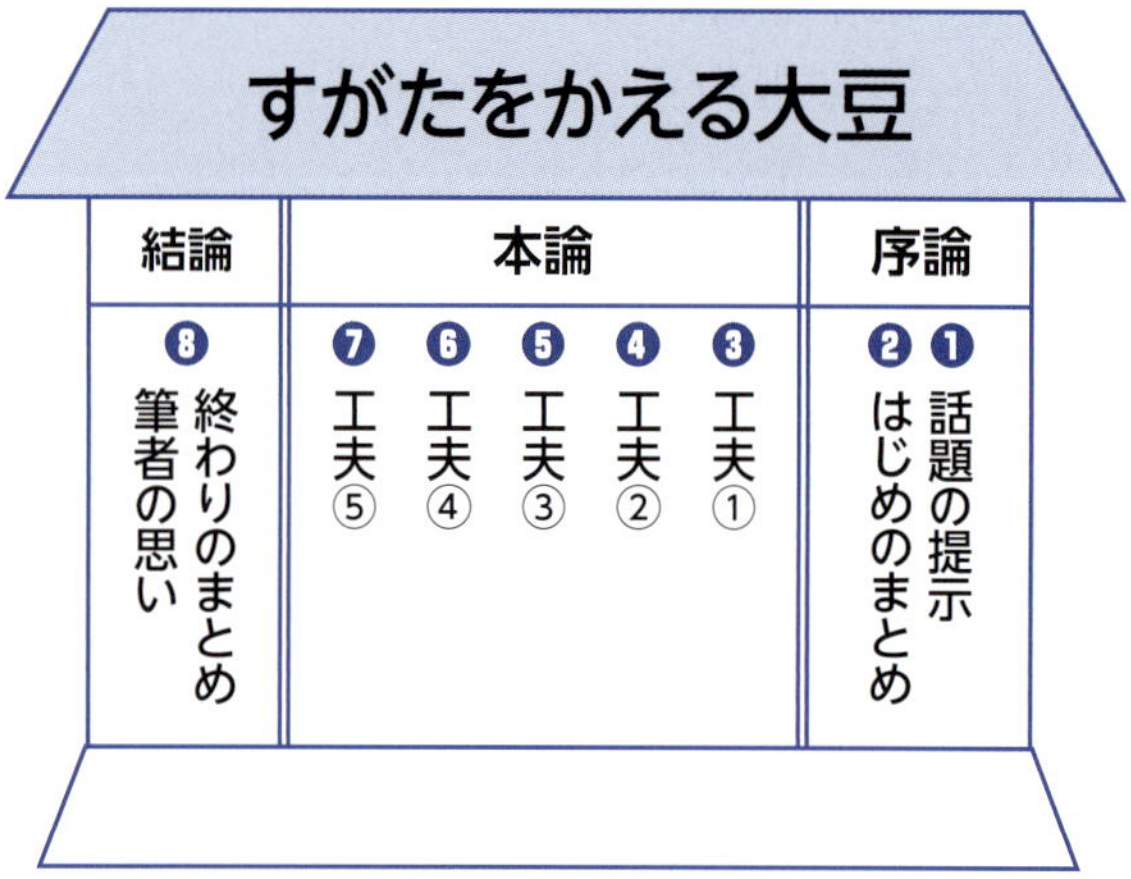

段落❹は二つ目の小部屋、工夫②、こなにひいて食べる工夫（黄粉）

段落❺は三つ目の小部屋、工夫③、大切な栄養だけを取り出して、違う食品にする工夫（豆腐）

段落❻は四つ目の小部屋、工夫④　目に見えない小さな生物の力を借りて、違う食品にする工夫（納豆・みそやしょうゆ）

段落❼は五つ目の小部屋、工夫⑤　（枝豆やもやし）

いろいろ手を加えておいしく食べる工夫をしているんでしょ？　段落❼は、どんな工夫？

「兄弟のように名前がつけられないね。とり入れる時期や育て方を工夫した食べ方？」

「手を加えて違う食品にしているのではなくて、育つ時期を選んだり、育て方を工夫してみたり、という工夫だね」

「『とり入れる時期や育て方を工夫した食べ方』というふうにつけるしかないね」

「美しくないね」

「工夫⑤は、工夫の①②③④と並べられない」

「段落❼は、ちょっと変えて説明しないと、わかりにくいな」

段落❸から❻までは、さまざまに手を加えて、大豆をおいしく食べる工夫をしてきたが、段落❼は、取り入れる時期や育て方を工夫した食べ方だから、姿を変える大豆として、並列で並べるわけにはいかないことをおさえる。

さらに工夫の①②③④は、どうしてこんな小部屋の並べ方をしているかも、おさえておく。

なぜこんな並べ方をしているの?

「だんだん手が加えられていく」

「その形のままでいったり、煮たりする工夫から、最後はみそやしょうゆなど、目に見えない微生物の力を借りる工夫になっている」

「簡単なものから複雑なものの順に並べている」

「いろいろ手を加えておいしくしてきた、というから、それが姿を変えるという意味だよね」

いろいろ手を加える、その手の加え方の単純なものから、複雑なものへと、意味あって並べていることを再確認する。ところが、工夫⑤だけが違う。枝豆やもやし。

段落❼で「これらのほかに」という言い方をしているね。「これら」って何?

❸から❻までの例を「これら」と一回くくって、これらのほかに、「とり入れる時期や育て方を工夫し

た食べ方」と言っていることをおさえる。

国分さんに会ったら言ってあげようよ。もう少し長くていいから、中部屋〔2〕をつくって！と。

『ヤドカリとイソギンチャク』『めだか』の学びをしてきた五年生であれば、ここにレッドカーペットが敷きたくなる。例えば

「これまでは、大豆の種としての漢字の大豆についての食べ方を説明してきましたが、実は種に手を加えるだけではなくて、片仮名のダイズの育て方やとり入れる時期を工夫する食べ方もあります。例えば、枝豆。例えば、もやし。」のように。

「五つ目の小部屋だけは片仮名のダイズだよ」
「ほんとだ。工夫⑤の段落❼は大豆じゃなくて、ダイズだね」
「漢字の大豆と片仮名のダイズの食べ方を一緒にしているから、スッキリしないいんじゃない？」
「だからレッドカーペットを敷けばいいんだよ」

中部屋〔1〕は漢字の大豆、中部屋〔2〕は片仮名のダイズにして、中部屋〔2〕の工夫の一つ目はとり入れる時期、二つ目は育て方、という小部屋をつくればいい。長くなるけれど、その方がわかりやすい。そして「このように大豆は」とやればいいという意見が出る。

なるほど。レッドカーペットを敷いて中部屋〔2〕をつくるという発想だね。すると、もっと美しくなりそうだね。でも、なぜやらないか、と言えば、この説明文が三年生向けだからだろうね。

中部屋〔2〕をつくると長文になるから、三年生の教材としたら、無理が生じると言うと、子どもたちは

納得する。六年生の学びの際にあらためて述べるが、子どもたちに批判的な読み方をさせてはいけない。この『すがたをかえる大豆』でも、批判ではなく、レッドカーペットの学びをもとにした改善の提案という立場を大切にする。

三年生の教材を、レッドカーペットを学んだ五年生が読むとすると、段落❼の枝豆ともやしは片仮名のダイズだから、できたら別にしたいという声があがった。これらの意見をもとに、次のように書き換えてみた。

❼ **これらの大豆をおいしく食べるくふうのほかに、植物としてのダイズをとり入れる時期や育て方をくふうした食べ方もあります。**
❽ **ダイズを、まだわかくてやわらかいうちにとり入れ、さやごとゆでて食べるのが、えだ豆です。**
❾ **また、ダイズのたね（大豆）を、日光に当てずに水だけをやって育てると、もやしができます。**
❿ このように、大豆はいろいろなすがたで食べられています。ほかの作物にくらべて、こんなに多くの食べ方が考えられたのは、大豆が味もよく、畑の肉といわれるくらいたくさんのえいようをふくんでいるからです。そのうえ、やせた土地にも強く、育てやすいことから、多くの地いきで植えられたためでもあります。大豆のよいところに気づき、食事に取り入れてきた昔の人々のちえにおどろかされます。

❼にレッドカーペットを敷き、新たに❽❾の中部屋〔2〕をつくった。中部屋〔2〕で子どもたちの意見を生かして、片仮名ダイズの紹介をした。

説明文の家で示すと、90ページのようになる。

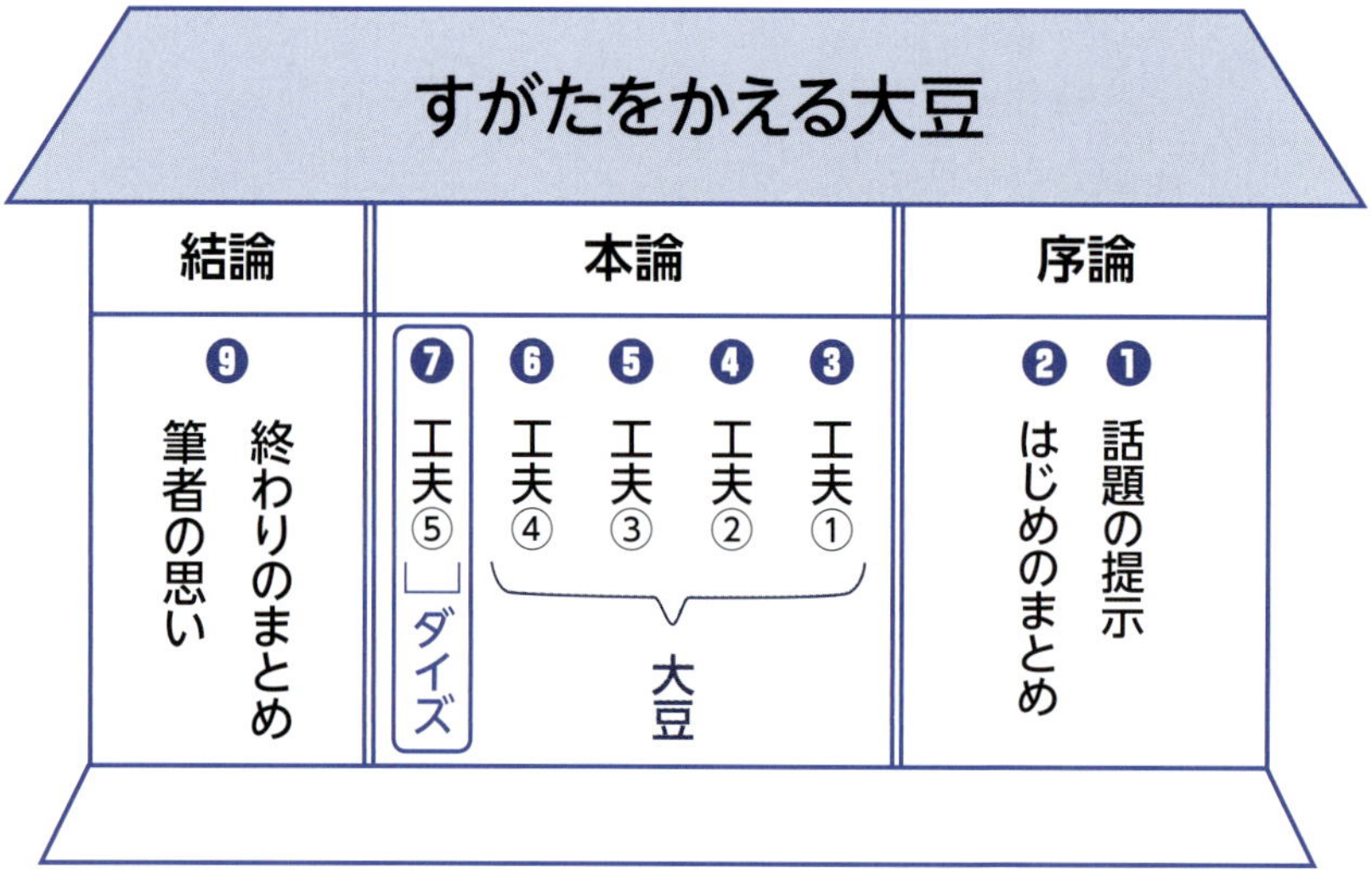

⇓ レッドカーペットを敷きたいなぁ…

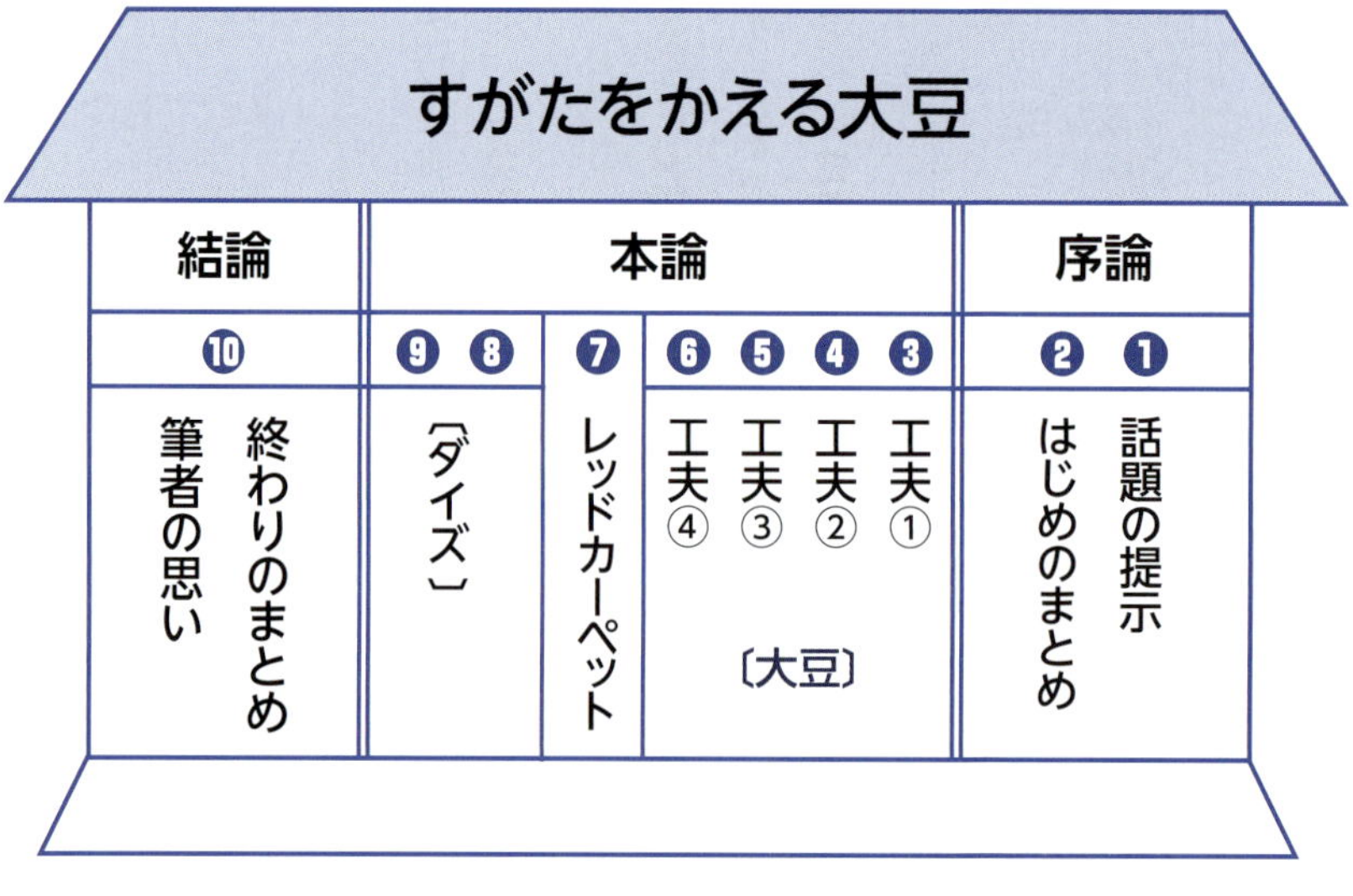

さらに、もう一つ、結論の書き方に改善点を見いだす子どももいる。

「結論は、もう少し、よさを説明してほしい」

「もう少し言葉を増やして、膨らませてほしいな」

という意見を受けて、次のように書き換えてみた。

❼ これらのほかに、とり入れる時期や育て方をくふうした食べ方もあります。ダイズを、まだわかくてやわらかいうちにとり入れ、さやごとゆでて食べるのが、えだ豆です。また、ダイズのたねを、日光に当てずに水だけをやって育てると、もやしができます。

❽ **このように、大豆はいろいろなすがたで食べられていますが、ほかの作物にくらべて、こんなに多くの食べ方が考えられたのは理由があります。**

❾ **まず、大豆が味もよく、畑の肉といわれるくらいたくさんのえいようをふくんでいるからです。**

❿ **そのうえ、やせた土地にも強く、育てやすいことから、多くの地いきで植えられたためでもあります。**

⓫ **大豆のよいところに気づき、食事に取り入れてきた昔の人々のちえにおどろかされます。**

ただし、繰り返すが、改善点を考えることが批判読みにつながってはいけない。三年生の精いっぱいの『すがたをかえる大豆』だね、と確認し、「筆者の国分さんに会ったら、ぜひ高学年向けの『すがたをかえる大豆』を書いてみてください」と言いたいね、として授業を終えた。

学びの積み重ねから見えること

五年生の最後の学習材として『インスタント食品とわたしたちの生活』を取り上げる。

インスタント食品とわたしたちの生活 [1]

大塚 滋

❶ インスタントラーメンが誕生したのは、一九五八年（昭和三十三年）のことでした。お湯をかけて、三、四分でできあがるラーメンに人々はおどろき、インスタントラーメンはたいへんな人気をよびました。

❷ インスタントラーメンだけでなく、そのころから、インスタントのコーヒー、マッシュポテト、ホットケーキ・ミックス、スープ、みそしるなどが続々と生まれ、消費者にかんげいされました。

❸ なぜ、インスタント食品は生まれ、なぜ、そんなにかんげいされたのでしょう。

❹ インスタント食品類がたくさんでき、よく使われるようになったのは、日本が戦後の食りょうの欠ぼうから立ち直り、ぜいたくとはいえないが、ほぼ満ち足りた生活ができるようになったころでした。そして、社会がそれまでとは大きく変わってきていました。女性が家の中で家事や炊事に追われていた時代から、女性が社会に出て働く時代へと変わりつつあったのです。また、家族を構成する人数が減り、生活がいそがしくなりました。それにともない、炊事にかけられる時間も変わってくるという状きょうがうまれてきていました。

❺ そんな社会の変化の中で、インスタント食品は、料理の時間を短くするためのたいへん便利なものとして、わたしたちの生活の中に入りこんできたのです。

❻ ところで、昔は、手軽にできる食べ物がなかったのかというと、決してそうではありません。ご飯をかわかしておいて、水かお湯にひたして食べる「干し飯」、そばの粉をお湯で練って食べる「そばがき」、くず粉をお湯でといて食べる「くず湯」などは、便利な食べ物として愛用されました。どれも、かん単に作れ、持っていくのに便利なので、旅行のときなどの食りょうや非常時の食りょうとしても使われました。

⑦ これらのものは、ふだんのご飯や料理とは味もかおりもかなりちがうものでしたが、何より便利だからというので使われたのです。

⑧ 現在のインスタント食品が、「干し飯」などと大きくちがっているのは、家庭で手をかけて作る料理とあまり変わらない味やかおりがあるということです。食品を加工する技術が大きく進んだために、今のインスタント食品は、家庭でする調理を工場が代わりにしてくれたようなものになっています。

⑨ また、インスタント食品は、加工されていない食品に比べて、長い間保ぞんできます。この点は、非常時の食りょうとして使えるという良さにもなります。

⑩ さらに、価格という面でも安くすむということがいえるでしょう。ある料理を一から作ろうとすれば、いろいろな材料を買いそろえなければなりません。それに比べ、インスタント食品の場合には、必要なもののほとんどが、必要な量だけ用意されています。

⑪ インスタント食品はたいへん便利であり、わたしたちの生活に欠かせないものになっています。便利さを上手に生かしながら、豊かな食生活をつくりあげていきたいものです。

いままでの学びをもとにすれば、⑪が結論だとわかる。「このように」はないが、「このように、インスタント食品はたいへん便利であり、わたしたちの生活に欠かせないものになっている」とくくってまとめている。プラス筆者がメッセージを発している。

「インスタント食品の便利さを上手に生かしながら、豊かな食生活をつくりあげていきたい」

段落⑪のまとめがイコール要旨に近いものだろう。伝えたいことはぶれない。

「インスタント食品はたいへん便利で、わたしたちの生活に欠かせない」

著者の大塚さんの言っていることはわかる。大変便利だ、とくくってまとめているから、きっと本論で、読者を納得させるための具体的な説明をしているのだろう。インスタント食品は大変便利で私たちの生活に欠かせない、ということをわかってもらうための具体的な説明をしているはずだ、という捉え

インスタント食品とわたしたちの生活 1

⑪	⑩	⑨	⑧ ⑦ ⑥	⑤ ④	③	② ①
結論	本論				序論	
終わりのまとめ 筆者のメッセージ	価格が安い良さ	長期保存できる良さ	味や香りの良さ	料理の時間を短くできる良さ	大きな問い	話題の提示
要旨						

方ができる。

　すると、段落⑩「さらに、価格という面でも」とある。これはインスタント食品が大変便利であり、わたしたちのくらしに欠かせない一つの理由だろうと読める。インスタント食品は価格が安いという捉え方。

　段落⑨「また、～長い間保ぞんできます。この点は、非常時の食りょうとして使えるという良さにもなります。」から保存できるという便利さをもっていると読める。

「安くすむ」「長い間保存できる」便利さでいいかな？

「良さじゃない？」

良さでまとめると？と言うように、再度小部屋を捉えてみようという読み方ができそうだね。

　さらに序論部分を読むと、光り輝いて見えるのが段落③だ。

---

③　なぜ、インスタント食品は生まれ、なぜ、そんなにかんげいされたのでしょう。

という大きな問いの投げかけ。これをおさえたうえで、だからこそ、その良さを本論で具体的に説明し、最後にくくってまとめて、プラス筆者のメッセージを発している。

　①②で話題の提示をして、③で大きな問いを投げかける。④から本論に入って、インスタント食品の良さについて具体的な説明をしてい

る。その良さがいくつか？それを小部屋で捉えてみればいい。具体的な良さとはなにか？　便利さを含めた良さだろう。

良さはいくつ？　大きな問い「なぜ、インスタント食品は生まれ、なぜ、かんげいされたか」に関わって説明される一つ目の小部屋は？

「❹❺」

❹❺で、インスタント食品としての良さはなに？

「料理の時間を短くできる」

なるほど。❻からは別の小部屋になるのかな？

「ところで、と言って別の話になっているよ」

何の話になっている？　問いに基づいて「なぜ、インスタント食品は生まれ、なぜ、かんげいされたか」に関わって説明されている、と考えると？

「❻は、『干し飯』『そばがき』『くず湯』など、昔のインスタント食品の話になっている」

「❼で昔のインスタント食品みたいなものも便利だと言っているよ」

「昔のものも便利だとは言っているけれど、❽を読むと、現在のインスタント食品が昔の干し飯、そばがき、などと大きく違っているのは、『家庭で手をかけて作る料理とあまり変わらない味やかおりがある』と言っている」

「家庭での料理とあまり違わない味やかおりがある良さ」

「便利なのは昔からあるけど、決定的に違うのは、味や香りがいい、つまりおいしいという良さが大きいよと言っているんだと思うよ」

「一つ目の小部屋は、料理の時間を短くできる良さ。二つ目は昔からあったものよりも味や香りがいい。三つ目が長い間保存ができる。四つ目が価格が安い」

この四つのことからインスタント食品が生まれ、歓迎されてきたことをおさえて、「インスタント食品はたいへん便利であり、わたしたちの生活に欠かせないものになっています。便利さを上手に生かしながら、豊かな食生活をつくりあげていきたいものです」とまとめて終わっている。

ということかな。確かにそうだね。へー、インスタント食品ってそんな良さがあるのか、あらためて説明されると確かにそうだ、という大塚さんの『インスタント食品とわたしたちの生活①』。

言いたいこと、伝えたいことはいいですね。大塚さんの言いたいことはわかりましたか？

納得できなくて、すっきりしないことはありますか？　大塚さんの言いたいことに関して、感想・意見をもちますか？

「うーん」

実は、もう一つ、大塚さんの『インスタント食品とわたしたちの生活②』があります。

①を読んだ限りで、伝えたいことに関して、一人の読者としてなんとなくすっきりしない。伝えたいことはわかったけれど、なにかすっきりしない、言いたいことは何かありませんか？　目の前に大塚さんがいらしたら「わかったんだけど、あのね」と言いたいことがないかな？

もし、大塚さんに会ったら、自分の感想・意見として、伝えたいこと、言いたいことはない？

「結論の『豊かな食生活』とは何なのかな？」

「インスタント食品のいいことばかりを言っているけれど、悪いこともあるんじゃないのかな」

悪いこと？

「そう、健康のために、インスタント食品を食べ過ぎてはいけないでしょう？」

「いいことを言ったら、悪いことも言わないとおかしいよね」

「いいことばっかり言うのは変」

なるほど。ということで、大塚さんには失礼なことをしてしまいました。大塚さんはちゃんと用意していました。

太字で示した結論の⓫が違います。

インスタント食品とわたしたちの生活 2（❶～❿は1と同じ）

⓫ インスタント食品はたいへん便利であり、わたしたちの生活に欠かせないものになっています。**その一方で、家ごとの味が失われてしまうこと、料理が下手になってしまうこと、栄養のかたよりなど、注意しなければならない点もあります。**便利さを上手に生かしながら、豊かな食生活をつくりあげていきたいものです。

きちんと問題点にも触れながら、便利さを上手に生かして豊かな食生活をつくりあげていきたい、と締めくくっている説明文。『すがたをかえる大豆』に似ていないだろうか？

実は、この2は、まだ大塚さんの書いた説明文では、ありません（笑）。これでいいような気がするけれど、『すがたをかえる大豆』で何をおさえましたか？

豊かな食生活の問題点をあまりに簡単に扱いすぎていませんか？　問題点を納得できるように、もうちょっと詳しく説明してほしいな、と思いませんか？

ということで、大塚さんの説明文3があります。どんな3だと思いますか？　当然、長いよね。どんな説明文でしょうか？　想像できそうでしょう？

結論は段落⓯。

序論は段落❶❷。

段落❸は、大きな問いではなくて、中部屋〔1〕に関わる問い。我々が読んできたのは、本論の前半です。中部屋〔1〕と捉えて、中部屋〔1〕は「インスタント食品の良さ」について説明してきました。では、⓫から⓮までは何が書かれているだろうか？

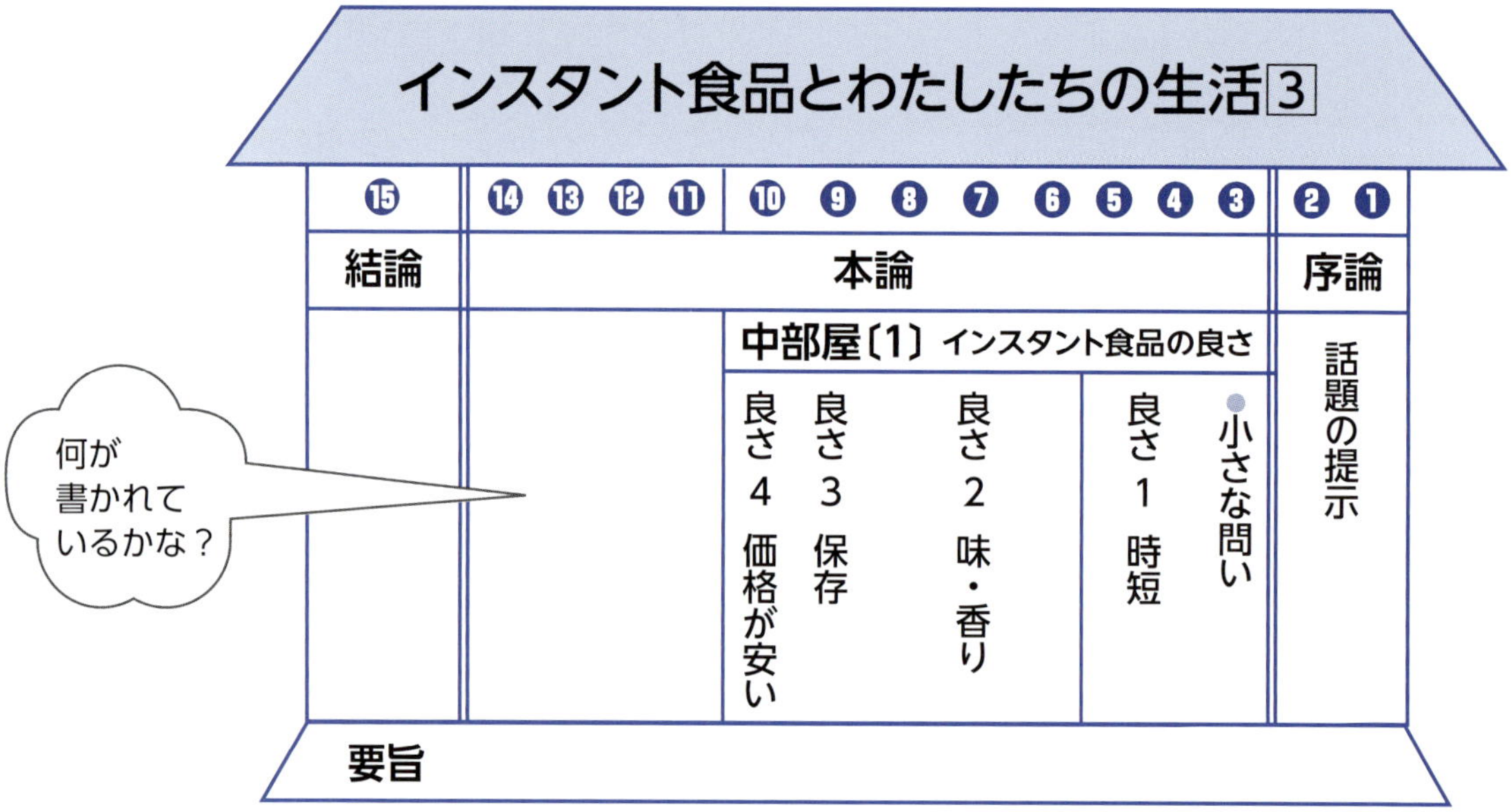

「きっと結論がヒントになるよ！」

確かに、結論が大ヒントになるね。結論をもう一度見てみようか。『インスタント食品とわたしたちの生活2』の段落⑪をそのまま『インスタント食品とわたしたちの生活3』の結論・段落⑮と考えるよ。

⑮　インスタント食品はたいへん便利であり、わたしたちの生活に欠かせないものになっています。その一方で、家ごとの味が失われてしまうこと、料理が下手になってしまうこと、栄養のかたよりなど、注意しなければならない点もあります。便利さを上手に生かしながら、豊かな食生活をつくりあげていきたいものです。

では、いま隠した段落⑪から⑭には、何が書かれているといえるかな？

「段落⑪はレッドカーペット！」

「中部屋〔1〕と中部屋〔2〕を結ぶ廊下段落だよね」

「だったら、段落⑫から⑭は中部屋〔2〕になる」

ほほう。⑪はレッドカーペットか。⑫⑬⑭を使って中部屋〔2〕か？名前はつけられるかな？　中部屋〔1〕が「インスタント食品の良さ」だとしたら、中部屋〔2〕は？

「インスタント食品の悪さ？」

良さの反対だから悪さか？

「問題点、とかじゃない？」

「インスタント食品の危険性」

ほう、課題や問題点という内容になっているんだろうね。「インスタント食品の問題点」としておこうか。なるほど、中部屋〔2〕がこんな内容であってくれればすっきりするよね。

小部屋はいくつだろう。

「三つ」

どうして？

「家ごとの味が失われてしまうこと、料理が下手になってしまうこと、栄養のかたよりなど、って書いてあったでしょ？　だから、この三つ」

この三つって何？　三つある？　一つ目は？

「家ごとの味が失われてしまう」

二つ目は？

「料理が下手になってしまう」

ほう。三つ目は？

「栄養のかたより」

なるほど。

「小部屋の名前は、問題点1から3がいいよ」

どうして？

「だって、中部屋〔1〕は、小部屋を良さ１２３４にしたから、中部屋〔2〕は、問題点１２３にするとしっくりくる」

なるほど。

「問題点1は、家ごとの味が失われてしまう」

「問題点2は、料理が下手になる」

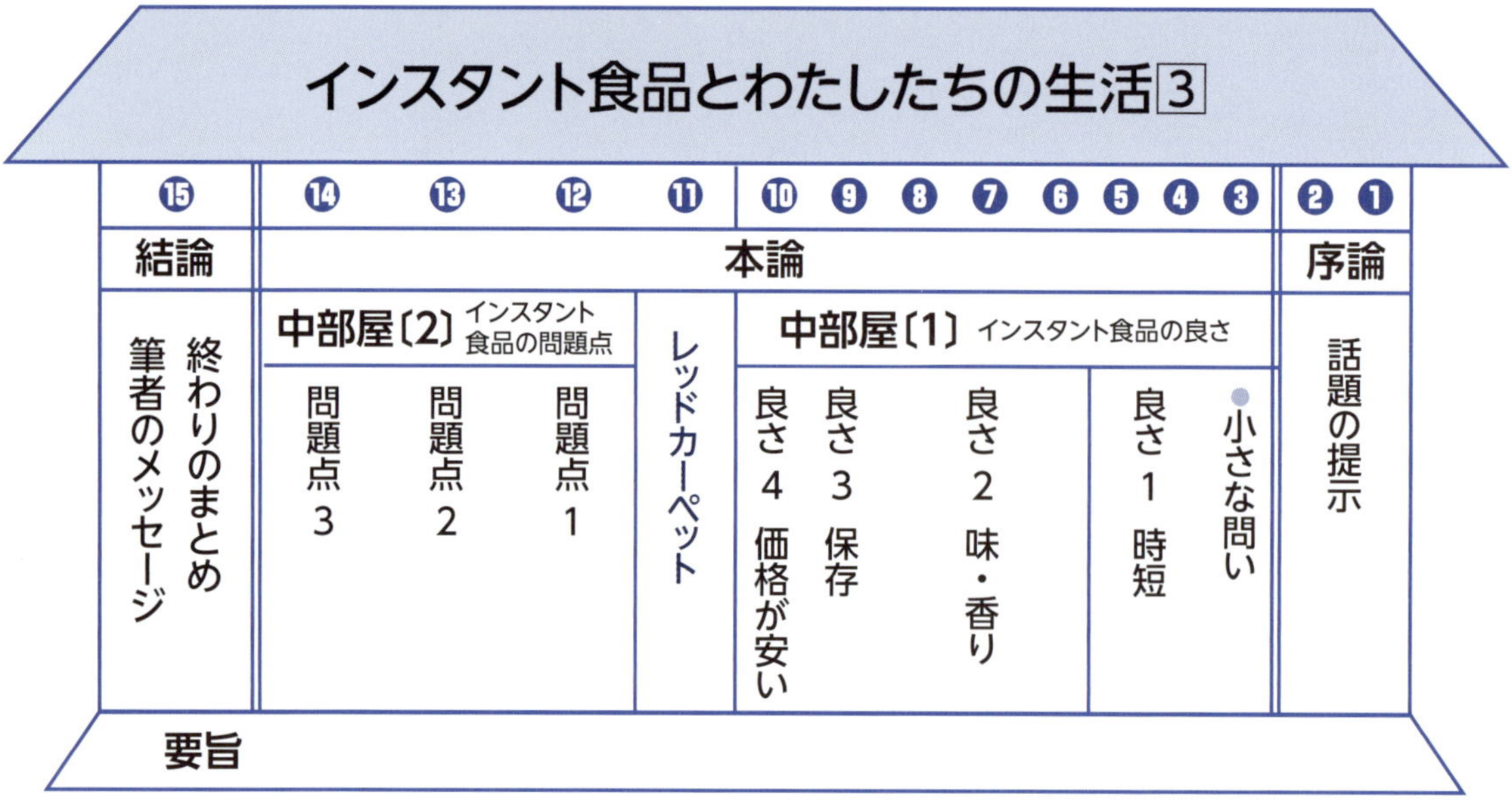

「問題点3は、栄養のかたより」

そして、段落⑪がレッドカーペットだろう、という予想だね？

レッドカーペットは、前に学習した『めだか』のときには、中部屋〔1〕と中部屋〔2〕の内容が二文で両方とも入っていたよね。中部屋〔1〕と中部屋〔2〕が両方とも入り込んでいるのがレッドカーペットだ。きっとそういう書き方をしているんじゃないかな？と思えるね。

中部屋〔1〕を受けて中部屋〔2〕につなぐ。両方が入り込んでいるんじゃないかな？

読んでみたくないかい？

「読んでみたい！」

よし。じゃあ、配るよ。

⑫⑬⑭を大塚さんは次のように説明しています。

インスタント食品とわたしたちの生活 3（❶〜❿は1 2と同じ）

⓫ 廊下段落（レッドカーペット）

⓬ 一つ目は、家ごとの味が失われてしまうということです。最近では、同じ料理でもちがった味付けのものが用意されていて、消費者が自由に選べるようになっていることもあります。しかし、家庭で作る手料理とはちがって、メーカーの作った味です。子どものころに食べたものの味は、その人の一生の味覚になるといわれています。それぞれの家庭の個性が失われてしまうことをおそれる人が多くいます。

⓭ 二つ目は、料理をすることが少なくなるために、料理が下手になってしまうのではないかという心配です。肉と野菜とカレー粉でカレーを作ったり、につけを作ったり、魚の頭や尾やほねを取って切り身にしたりすることが不得手な人が多くなってきています。

⓮ 三つ目は、栄養のかたよりということです。例えば、インスタントラーメンやカップめんばかりを食べていると、炭水化物が多くなり過ぎ、たんぱく質やビタミン類が不足しやすくなります。健康を保つためには、いろいろな種類の食品をとることが大切です。インスタント食品だけですませるのではなく、インスタント食品を料理の一部として使うといったくふうが必要でしょう。

⓯ インスタント食品はたいへん便利であり、わたしたちの生活に欠かせないものになっています。その一方で、今述べたような注意しなければならない点もあります。便利さを上手に生かしながら、豊かな食生活をつくりあげていきたいものです。

（東京書籍「新しい国語」平成十七年度五年下）

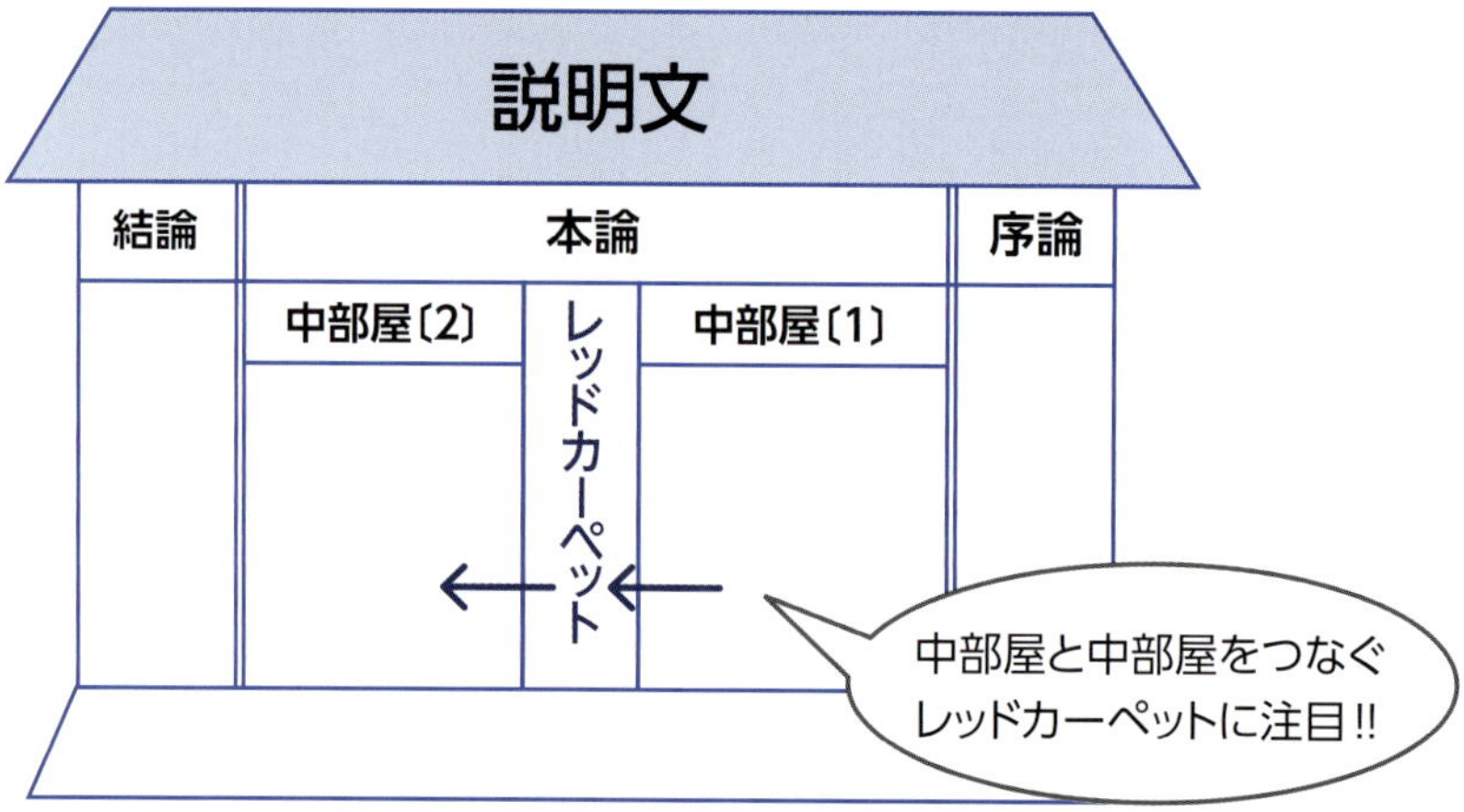

なるほど。みんなの予想が当たっていたね。でも二瓶ちゃんは、段落⓫を隠しておきました。どうして隠しておいたか。大塚さんはこのレッドカーペットを精いっぱいの工夫をして書いているからです。どんなレッドカーペットか予想がつくかな？

「便利なインスタント食品ですが、ほんとうに豊かな食生活のためになっているでしょうか？」

「このようにインスタント食品にはわたしたちにかんげいされてきました。でも、インスタント食品には使う時に注意しなければいけないこともあります。」

なるほどね。いいこともたくさんあるけれど、問題点もあるんだよ、という内容の文になっていそうだね。見てみましょう。

⓫ このように考えてくると、インスタント食品には何もいうことがないように思えます。しかし、そればかりにたよることには、いくつかの問題点があります。

見事なつなぎのレッドカーペットになっている。中部屋〔1〕を受けて、中部屋〔2〕につないでいる。レッドカーペットが光り輝いて見えてくると、ここまではインスタント食品の良さを言ってきたよ、でも問題点をこれから言うよ、とここを読めばわかる。

長い説明文でも、このつなぎ段落の存在をおさえることができるようになると、そのほとんどを美しく読むことができる。高学年で学ぶ説明文はそのほとんどが、中部屋〔1〕、中部屋〔2〕がある、しくみの長い説明文だ。文章によっては、中部屋〔3〕・〔4〕

という長さのものもある。中学生、高校生、……と読むものはどんどん長くなるが、つなぎの廊下段落がわかれば、長い説明文も恐れずに読むことができることを実感させたい。

レッドカーペットを意識して読むことがとても大切。

この読み方をすれば、子どもも読める。こんなに長い説明文でも、読める。逆に言ったら、これだけの長さがなければ、読者としてすっきりしない。

五年生段階では……

はじめの大部屋、説明の大部屋、終わりの大部屋を序論、本論、結論の用語で捉え直す。

中部屋を知り、中部屋と中部屋をつなぐ「廊下段落（レッドカーペット）」を学ぶ。

レッドカーペットがわかり、三つの大部屋の家の絵が浮かぶ（三つの大部屋読解法の最終段階）。

★長い説明文でも、このつなぎ段落の存在をおさえることができるようになると、そのほとんどを美しく読むことができる。高学年で学ぶ説明文はそのほとんどが、中部屋〔1〕、中部屋〔2〕がある、しくみの長い説明文だ。文章によっては、中部屋〔3〕,〔4〕という長さのものもある。中学生、高校生、……と読むものはどんどん長くなるが、つなぎの廊下段落がわかれば、長い説明文も恐れずに読むことができることを実感させたい。

六年生　「伝えたいこと」に対して自分の感想・意見をもつ

優れた説明文は、自己表現の方法を学ぶ恰好の学習材となる。

文章を読むことは、その内容価値を見つけることではない。教師の求める「正解」とされる解釈を探ることでもない。文章に対する自分の「意見・感想」をつくることこそ大切な学習だ。

『いろいろなふね』から説明文の学びをスタートさせ、さまざまな学習材で「美しいしくみ」を学んできた六年生。小学校最終学年において、説明文の「自力読み」を獲得する段階に入る。

学習材は、丘椎三さんの『日本の子どもたちと、世界の子どもたち』。その全文を掲載したが、難解な語彙もなく、説明文の「美しいしくみ」を学習した子どもたちには読みやすい文章だ。

日本の子どもたちと、世界の子どもたち

丘　椎三

❶今、この世界には二百近くの国があります。わたしたちのすんでいる日本という国も、その一つです。

❷日本に住む子どもたちは、幸せです。毎日、ごはんを食べることができます。学校へ通っていろいろな勉強をすることができます。病気になれば、病院で治してもらえます。

❸では、ほかの国に生まれた子どもたちも、日本の子どもたちと同じように幸せなのでしょうか。

❹まず、毎日の食事でさえ、きちんととれない子どもたちが、世界にはたくさんいます。きらいな食べ物は平気で残して、どんどんすてている日本の子どもたちには、想像もできないでしょう。どんなにおなかがすいても、食べるものがないのです。

❺その結果、生きていくための栄養が不足して、体力がなくなり、ちょっとした病気にかかって死んでしまうの

です。

❻ また、学校へ通えない子どもたちもたくさんいます。日本の子どもたちのように、習い事にいくなんて、とんでもありません。いくら勉強したくても、字が読めるようになりたくても、計算ができるようになりたくても、学校へ行けないのです。

❼ その大きな理由は、まずしいことです。親の仕事を手伝ったり、小さな弟や妹の世話をしたりして、毎日働かなければならないのです。そうしなければ、家族みんなが生きていけません。また、教科書がなく、鉛筆やノートさえも買えない子どももたくさんいます。

❽ さらには、病気で命をなくす子どもたちが、世界にはたくさんいます。日本の子どもたちは、ちょっと熱がいつもより高いと、親がすぐに病院に連れて行ってくれます。いろいろな薬もあります。病気を予防する注射もうってもらえます。

❾ けれども、病気になっても、お医者さんがいなく、薬がなく、しかたなく死んでいく子どもたちがいるのです。一、二、三秒。このわずか三秒の間に幼い子どもが一人、そのために世界のどこかで死んでいます。

❿ このように、世界には、今、このときにも、栄養不足で苦しんだり、病気になって命をなくしたりして、つらい生活をしている子どもたちがたくさんいます。だから、世界の子どもたちみんなが、幸せだとはけっして言えないのです。

⓫ 日本の子どもたちは、この国に生まれたことに感謝して、毎日楽しく生活しましょう。そして、今は子どもだから何もできませんが、いつか大人になったら、世界中の子どもたちが幸せにくらせるように力をかしてあげましょう。

通読の後、序論・本論・結論の基本構成を確認し、さらに序論と結論の性格を大きく把握する。序論は段落❶〜❸、性格は「話題の提示」と「問いの投げかけ」。結論は段落❿⓫、性格は「終わりのまとめ」「問いの答え」「筆者の考え・メッセージ」の三つを合わせもつ。

続けて、本論の小部屋（意味段落）の構成を「名前」を考えながら検討した。

ここまでの学習で、この説明文の要旨は、把握できるだろう。けれども、文章の要旨を正確に受け止めただけでは、説明文の読みは完結しないことを教える。新たな学習の段階に入る。

この文章の筆者・丘　椎三さんは、先生の古くからの知り合いです。「日本の子どもたちに向けた文章を書いたのだが、実際に子どもたちに読んでもらって感想を聞きたい」と言って、先生にこの文章を送ってきました。丘さんは、日本の子どもたちに伝えたくてたまらないことがあって、この説明文を書きました。そして、日本の子どもたちであるみんなに読んでもらい、感想・意見をもらいたいというのです。一生懸命に読み、考えて、丘さんのこのお願いに答えてあげよう。

説明文の読みで重視したいのは、筆者への「敬意」。読者である自分に伝えようとして精いっぱいの工夫をした筆者の思いを否定するような「批評読み・批判読み」を私は認めない。

説明文を読むとは、筆者が伝えたいことを読み取るだけではありません。

その筆者が伝えたいことが、どのように表現されているかを考えることが必要です。そして、その表現のしかた、論の展開のしかたについて、その良い点、またはここをこうしたらいいな、という改善点を自分なりに考えてみることが大切です。

さらには、筆者の伝えたい考えや意見に対して、読者として自分の感想をもつこと。

それができたとき、はじめて「自分はその説明文を読んだ」と言えます。いいですか？

今度は読むだけでなく、自分なりの感想をもってみようということです。いままで、君たちは説明文の読み方を学んできました。けれど、厳密にいうと、いままでは本当には説明文を読んでいなかった。読んだ説明文に対して、自分なりの感想をもつことができてはじめて説明文が読めたということです。

感想をもつことは、説明文を書いてくれた筆者の礼儀でもあるのです。

学びの意義をおさえた上で、文章の展開を考える。

まず、どんなところがいいだろう。

「説明文の美しいしくみをもっている」

「日本と世界を比べながら説明しているのがわかりやすい」

確かに美しいしくみをもっているね。日本と世界を比較して説明していることで、とてもわかりやすい文章になっている。

わかりやすい文章になっているもう一つの理由は、段落のはじめに気をつけて読んでみるとわかるよ。

「わかった！　『では』『まず』『けれども』という接続詞！」

「『その結果』とか『その大きな理由は』『このように』とかも、わかりやすい！」

文章の良さ

①美しいしくみの文章であること。
②接続詞がうまく使われていること。
③日本と世界を比較し、説明していること。

文章の良さを確認し、説明の小部屋をもう一度見直してみる。説明の大部屋は❹～❾段落、三つの小部屋が二段落ずつで構成されている。

小部屋の1は❹❺段落、食事をとれない世界の子どもたち
小部屋の2は❻❼段落、学校へ通えない世界の子どもたち
小部屋の3は❽❾段落、病気で命をなくす世界の子どもたち

この順番に並んでいました。「食事」「学校」「病気」の並び方について、なにか意見のある人？

「『食事』をいちばんはじめにもってくるんじゃなくて、『学校』が最初の方がいいと思う」

なるほど。どうして、学校が先の方がいいの？

「対象の読者に身近なものだから」

身近なもの？

「『いろいろなふね』でも、読者のよく知っているものから小部屋を並べていたでしょ。この文章の読者

は、僕たち日本の小学生だから、僕らにいちばん近いものは『学校』だと思う」

そうか、読者の身近なものから並べると、「学校」「食事」「病気」の順になるのかな?

「私も学校、食事、病気の順に並べた方がいいと思うけど、それは身近だから、っていう理由じゃないの。食事と病気は両方とも命に関わることでしょ。だから続けた方がいいんじゃないかな」

なるほど。

「段落❺で『その結果、生きていくための栄養が不足して、体力がなくなり、ちょっとした病気にかかって死んでしまうのです』って言っているのは、食事をとれないことが原因で病気になるし、その病気を治せなくて死んでしまうということだから、食事と病気は続けた方がいいよね」

食事をとれないことが原因で病気になり、その病気を治せず死にいたるという論の流れだね。

ここで子どもたちに念を押す。筆者は読者である「あなた」にわかってほしい、という願いを込めて説明文を書いている。その思いに敬意を払いなさい。その上で「こうしたら、もっとよく私に伝わるよ」という意見を筆者に返してあげるつもりで、「論の展開のしかた」の改善点を考えなさい、と。誰かの文章の欠点を喜々として探す「嫌な読者」を育てようと思わない。

「話す」活動の充実が「読解力」を高める

クラスには、ともに読み合う「仲間」がいる。この仲間の存在が、個々の「読解力」を高める。

ある一編の説明文に出会い、段落構成を把握し、要旨を読み取り、筆者の意見をまとめる。この一連の読みの過程で、仲間の存在が欠かせない。仲間の意見を聞き、自分の読みを仲間に伝える活動を、私の国語教室では「ワイワイタイム」と呼んで大事にしている。

自分の考えがまとまってから話すのではなく、その場で思いついたことをおしゃべりするつもりで、自分の言葉で口にするように指導する。思いついたことを思いついたままに、気軽に口に出してみる。

すると、新たなことがわかることもあるし、自分の考えがまとまってくることも多いからだ。

ワイワイと、子どもたちがそれぞれの読みを互いに交流し合う活動の場が大切だ。

一部の限られた子どもたちによる話し合いではなく、学級全員の子どもたちに、自分の意見を話し伝え合う場を保証しなければならない。「話すこと」によってこそ「読解力」は高まるのだから。


もう一点、この文章の論の展開のしかたにおいて、検討すべき重要な一文があるんだけれど、気になる一文はないかな？　ヒントは❼段落。どうだい？　ワイワイタイムどうぞ！

「もう一回、❼段落を読んでみようよ」

---

❼　その大きな理由は、まずしいことです。親の仕事を手伝ったり、小さな弟や妹の世話をしたりして、毎日働かなければならないのです。そうしなければ、家族みんなが生きていけません。また、教科書がなく、鉛筆やノートさえも買えない子どももたくさんいます。

「『その大きな理由』の『その』っていうのは、前の段落の『学校へ行けないのです。』を指すから、『学校へ行けない理由』は、になるよね」

「それって変じゃない？」

「なんで？」

「❼段落目の最初に『その大きな理由は、まずしいことです。』っていう文章があるでしょ。『その』っていうのは前の段落を指しているから、『その大きな理由は、まずしいことです。』っていうのは『学校へ行けない大きな理由は、まずしいことです。』になるけど、まずしいから学校に行けないだけじゃなくて、まずしいから食事が満足にとれないし、病気にもなるんじゃない？」

「そうだね。『その大きな理由は、まずしいことです。』の『その』は、学校へ行けない大きな理由だけじゃなくて、病気になるのも、食事が満足にとれないのも、まずしいからなんじゃないの？」

確かに「まずしさ」は「学校」だけにかかわる理由ではなく、「食事」と「病気」においても大きな理由になるね。じゃあ、どうしたらいい？

「うーん。❼段落目の最初にある『その大きな理由は、まずしいことです。』っていう文章は、ここじゃなくて、三つの小部屋全体にかかるようにした方がいいんじゃない？」

ほかに、筆者の丘さんに「こうしたら私たちにもっと伝わるよ」と教えてあげたいことはないかな？丘さんは君たちにわかってもらいたくてこの文章を書いたんだ。この文章の良さを充分に理解し、丘さんの思いをきちんと受け止めた上で、君たちの感想や改善点を教えてあげよう。

筆者・丘さんのメッセージを受け、日本の子どもの一人として意見をもち、返事を書く活動を組んだ。子どもたちがこだわったのは、「幸せ」という言葉と、「子どもだから何もできない」という丘さんの考え方だ。丘さんの文章に対する子どもの考え、丘さんへの返事を紹介しよう。

丘さんの文章の伝え方について（学習ノートより）

①「伝え方」の良いところ

❶段落から❸段落までの序論で、身近な話題を提示し、引き込まれるようにして文章の中に入っていける。それに加え、問いの投げかけをすることによって、読者に「なんだか面白そう」と思わせている。

また、美しいしくみに沿って構成されていることもいい。これによって、伝えたいことがよくわかる。重要な言葉を反復して強調したり、日本の子どもたちと世界の子どもたちを対比させながら説明していることもわかりやすい点だろう。

さらには、「まず」「また」「さらには」という接続詞が小部屋の頭についていることで、小部屋の区別がはっきりするし、その小部屋で述べられていることもすっきりとわかる。それに加えて、指示語を上手に使いこなすことによって大変わかりやすい。

②「伝え方」の改善点

まず、小部屋の並べ方について。丘さんは、「食事→学校→病気」という順に小部屋を並べているが、「食事→病気→学校」の方がいいと思った。なぜかというと、食事がとれず、病気になり、その病気で命をなくすという展開だからである。食事と病気は関連があるのに、その間に学校が入ってしまっている。

また、学校を最後にもってくるのにも意味がある。食事は取らないと死んでしまうが、学校へ行かなくても死なない。その優先順位を考えると、「食事→病気→学校」となるからだ。

次に、❼段落で「その大きな理由は貧しいこと」と述べていることである。これは、「学校」だけに関係するのではなく、すべての小部屋（食事・学校・病気）に関係する。だから、三つの小部屋の最後に新しく⑩段落をつくり、そこで貧しさについて書くべきだと思う。


丘さんのメッセージについて（実際の手紙より）

最後⓫段落に「日本の子どもたちは幸せです。この国に生まれたことに感謝して…」というメッセージがあります。

私も賛成です。いまの日本の子どもたちは「生きていける」という面ではとても幸せです。だから、この国に生んでくれた両親に感謝します。

けれど本当に日本の子どもたちは幸せなのでしょうか。友達関係での悩み、誰から来たのかわからない悪口のメール。一年間に自殺者は約3万人。こんな世の中に生きていて、本当に日本の子どもたち全員が幸せだと言えるのでしょうか。

確かに、日本には私のように幸せを感じる子どもたちはたくさんいます。世界の子どもたちは、それに比べて「幸せでない」と言えるかもしれません。

しかし、貧しくても笑顔で精いっぱい生きようとする子どもたちがいるでしょう。自分の幸せは、自分で決めるものです。

子どもの私がこんなことを言うのは生意気ですが、「幸せ」の言葉の意味を考えて使ったほうがいいと思いました。

もう一つ気になったのが「今は子どもだから何もできませんが…」という一文です。子どもでも募金ができるし、私たちのようにユニセフ活動をすることができます。だから、せめて「子どもでもできることを考え、努力してみましょう」というようにしたらどうでしょう。

お気づきだろうか。丘　椎三は「おかしいぞう」と読む、私のペンネームだ。子どもたちに説明文を読むことの意義を教えるために文章を書いた。

説明文の最終段階で子どもたちに「自分の意見を述べる・書く」活動をさせるには、受けもちの先生がクラスの実態に応じた説明文を、意見をもちやすそうな内容で、書いていただきたい。そして、学級全体の子どもたちに、自分の意見を話し伝える場を保証してほしいと願う。

六年生段階では…

読んだ説明文に対して、自分なりの感想や意見をもつ。

筆者が伝えたいことが、どのように表現されているかを考え、その表現のしかたや論の展開のしかたについて、良い点を見いだすとともに、改善点を自分なりに考える、説明文の「自力読み」を獲得する段階に入る。

★受け取る力、読み取る力は鍛えられても、それに対して感想・意見をもち、それを表現することは弱いのが実情だ。表現力を高めるためには、子どもたちがそれぞれの読みを互いに交流し合う活動の場が必要。普段の授業の中で、対話を大切にすること。自分の考えがまとまってから話すのではなく、その場で思いついたことを自分の言葉で口にするように指導する。一部の限られた子どもたちによる話し合いではなく、学級全員の子どもたちに、自分の意見を話し伝え合う場を保証すること。「話すこと」によってこそ「読解力」や「表現力」は高まる。

第5章

系統的な指導を実践するには

鼎談

二瓶弘行　筑波大学附属小学校教諭
弥延浩史　青森県藤崎町立藤崎小学校教諭
藤井大助　香川県高松市立古高松小学校教諭

鼎談

説明文の自力読みの力を育むために、いま私たちができること

小学校六年間で系統的に育てる読みの力

二瓶：説明文の系統的な指導をいかに行うべきか、ご自身の授業実践も踏まえてお話しいただきたい。実際のところ、何が課題だと思われますか？

弥延：「系統的に育てる」には、学校ぐるみでの取り組みが必要でしょうね。例えば、三年生、四年生と、ある程度正確に読み取れるようになり、意識ももてるようになり、伝え方を検討できる力が備わってきた子どもがいたとします。そういう読みのツールをちゃんともった状態で、子どもたちが臨んだとしても、学校体制として引き継がれていないと、五年生になり学級担任が変わった時点で、結局教科書の後ろにある手引きみたいなもので、さらっと流すような授業で終わってしまう。系統的に教える意識を校内レベルで整えていかないといけないと思っています。

　また、上の学年になればなるほど「説明文って面白くない」という子どもが増えてしまうので、学年を受け継いだときには、私はいつも『いろいろなふね』を使って、説明文のしくみを確認しています。たとえ以前にやっていたとしても、もう一回おさらいする形でやっています。

二瓶：弥延先生のように心ある先生が、例えば四年生に読みの力を教えようと必死になる。三年生までに積み重ねてきたものが曖昧ならば、あえて一年生の『いろいろなふね』を使って、四年生段階の読みの力をつけようとする。それって、弥延先生自身が六年間の系統を意識しているからこそ、四年生を受けもったときに、『いろいろなふね』を使って、三年

二瓶先生

生レベルの説明文の読みの力があるかどうかを確かめようとするということですよね。三年生レベルの力がなければ四年生段階の読みの力はつけられないし、五年生、六年生の読みの力はつけられないと考えているからでしょう。

　ただし、弥延先生がそのつもりでやったとしても、五年生になって担任が変わったら、またせっかく積み重ねてきた四年生までの力が、五年生、六年生でつながっていかない。それが現場の実状でしょうね。

弥延：算数とかなら、その学年で学ぶこと、積み重ねるべき力が、わかりやすいけれど、国語はむずかしい…。

二瓶：だからこそ、学校ぐるみで「六年間かけてこういう力をつけるん

だ」という確固たるものを共有し「今年は、私は五年生の担任なんだ」という意識がないと、六年間かけて読みの力を育てることにはならないでしょう。

　弥延先生が言われたように、算数ならば、教科書を使っていれば、六年間かけてつけるべき系統的な算数の力はつけられる。教科書が学びの積み重ねを保障しているから、力はつく。ところが国語は、教科書をやっているんだけれども、何をやっていいのかがわからない、というのが現実にあるでしょう？　系統性が明確でない、というのが課題だろうね。

藤井：二瓶先生から学んで、僕自身が工夫していることは、教材の面白さを校内で共有することです。ただ、教材ありきで「この教材には、こういう活動があるから、この教材をやっている」というのではなくて、「この教材には、こういうやり方、いわば料理のしかたがあるんだ」ということを校内研の中で見せる勇気が必要だな、と感じています。

　教材研究の段階で、こういうふうに捉えたら子どもがこのように変わったというものを見せる。子どもから返ってきたものを判断して、「あ、これはまずかったな」「ああ、これはこの力をつけさせるために良い活動・教材の捉え方だったな」というのを学年で共有する。さらにそれを校内に発信するときには、高学年、低学年と縦での系統の話をして、教材性や面白さを、校内の縦横で共有し合う必要があると思います。

藤井先生

弥延先生

二瓶：国語は教科書によって教材が違います。とくに説明文は扱っているものが違う。例えば四年生で、教科書が違うと説明文の教材が全部違う。そうしたときに「教材っていったいなんだろう」ということ、「何のためにこの説明文の教材があるのか」ということを考えないといけない。

　地域によって、教科書が違えば、説明文の教材が違う。となると教材っていったいなんだろう。例えば四年生の説明文で、その教材の内容を教えることがねらいならば、違ってはいけないはず。でも違う。では「何」を教えるのだろうというと、やはり説明文の「読む力」を教えるのだろう。だから教材が違っても、例えば四年生の一学期で教えるべき説明文の読みの力は同じだという意識が、すべての教師にないといけない。

　四年生の説明文の授業は、四年生の担任が授業をしている。そのとき

に、日本国中の四年生の学級担任みんなが「この教材でこの読みの力」を教えることが共有されていないなら、いったい説明文の授業ってなんだろう。

　算数だったら、例えば台形の面積の求め方を日本全国すべての教室で、担任が教える。でも、国語で、異なる説明文で教えるべきことは何？というと内容ではない。内容だったら一緒でなければおかしいから。台形の面積と同じものが説明文でもなければいけない。ここが曖昧なんだろうね。

弥延：だからこそ現場の教師は「こうすれば説明文が読める」というものがほしい…。そんな風に思う先生は多いと思いますよ。

二瓶：四年生なら四年生段階で「この力をつける」ことが、全国津々浦々、私のクラスも含めて共有されないといけない。そのためにはどんな授業をするか。この教材を使って、どんな授業をするか。うちは五時間で、うちは八時間で「こんな活動を組んでみよう」と広がるといい。四年生の一学期の説明文では「このような読みの力を、このような学習用語とともに教えましょう」とやってくれたら、文章が違っても共有できる。

　「四年生のこの段階では、この読みの力をつけるために、この教材がふさわしい」と思っている教科書会社。「いや、この力をつけるために、こちらの教材の方がいい」と思って載せている教科書会社。だから「結果として」四年生の教科書に載っている説明文が違うのならうなずける。ところが現実は、教科書によっては、つけるべき読みの力が明示されていないから、教材が違うと、何をやっていいかわからない。何を教えるのかが共有できていない。ここが問題。

　小学校六年間かけて「この教材で、この読みの力を」というものを示す必要がある。「読みの力を明確に、系統化する」一つの試案が本書です。

美しいしくみは筆者との対話

二瓶：説明文の美しいしくみを捉えるために『いろいろなふね』で私は家をつくらせる。「文章構成図をかくのと同じことをやっているのでは？」と問われることがあるのだが、しくみであって構成図ではない。

繰り返すが「説明文は筆者が伝えたいことがあって、伝えたいがために精いっぱいの表現の工夫をして書いている文章である」これが大前提。そうしたときに、子どもたちに教えなければいけないのは、この説明文には必ず筆者がいて、伝えたいことがあって書いているということ。なんとなく書いていない。表現の工夫をしている。伝えたいがゆえに、精いっぱいの美しいしくみを意識して書いているはずだということ。

「文章構成図をかきましょう」とか「構成を読み取りましょう」という機械的な学習ではなくて、伝えたいがゆえの精いっぱいの表現の工夫、つまり筆者の「思い」を受け取るために「美しいしくみ」を捉えるんだ。形式ではなく、筆者の私に対する伝えたい思い、それが美しいしくみだ。形式ではなく、伝えたい思いだ。「筆者は美しいしくみで書いている」と思って読む。美しいしくみを捉えるのは、筆者が伝えたいことと、その伝え方を受け取ることだ。

説明文の授業では、すぐに「文章構成図をかきましょう」というが、文章構成図には筆者は関係ない。クイズをやっているようでしょう？

弥延：筆者がいないところでの検討になっていますからね。

二瓶：「はじめ・中・終わりに分けて、段落構成図をかきましょう」「三つのまとまりをどういうふうに分けますか」とずっとそのまま六年生までやっている。つまらない。機械的だ。無意味だという子どもの意見もある。

伝えたいがゆえに筆者は精いっぱい、美しいしくみで書いてくれているはずだ。だから、読み手は美しいしくみを意識して読もう。それを形にしたものが「説明文の家」だ。

家をつくるのは、読み手と筆者との対話なんだ。筆者はきっと私に伝えたいために、頭の中に家をつくって書いている。私は文章を読みながら、筆者の頭の中にある家を考えてみる。すると、伝えたいことを受け取れる、読み手の私がいるということ。文章を通した筆者との対話。「伝えたいことって、これじゃないの？」「筆者が私に伝えたいことってこうでしょ？」と、美しいしくみで文章を捉えてみる。だとしたら、さっき言ったように、説明文の教材はものすごく吟味する必要があるでしょう？

弥延：そうですね。

二瓶：三年生で載せる説明文の教材価値は、内容ではない。子どもが読んで面白いものにしようなどというが、それはプラスアルファだ。まずは、美しいしくみの説明文を、もっとしっかりと読ませたい。

筆者は伝えたいことを伝えたいがために、美しいしくみで説明文を書いているはずだ。「筆者は、こんな美しいしくみを意識して書いてくれたんだな。だから私によく伝わったんだな」ということが学べる説明教材を用意せよ。小学校段階では、もっと美しいしくみの説明文を与えるべきだ。

その上で、美しいしくみをちょっとアレンジした説明文にも出会わせる。本論1のあとに本論2をもってきて、そのあと一つ段落を付け加えていて、ちょっと見ると美しいしくみではないように見えるけれど、筆者は「なるほどな」と思ってもらうために、あえて付けたしたんだな、というような読み取り方の段階も踏ませる。基本を学んだ上にあるからこそ、「あれ、どうしてここに加わっているのかな」といった子どもの学びがあるべきで、もっとスッキリしてほしい。

系統的な読みの力をつけるために、説明文教材は物語以上に、ものすごく吟味される必要がある。系統的な教材配列が読みの力と関連していないといけない。それが明示されているか、と言えばはなはだ疑問ですね。

弥延：どこの学年でもスタートは、しくみをもう一度確認することが必要だろうと思います。上の学年になるほどしくみがわかりづらくなるので。

二瓶：長文になるしね。

弥延：ええ。だから、下の学年の説明文や、他の教科書の教材をもってきたりして、自分が二年続けて担任し、教えてきた子どもたちだとしても、もう一度見直す必要がものすごくありますよね。

二瓶：わり算をやるときに、かけ算九九に戻るように、戻れるものがほしいね。九九ができていないから、このわり算ができないな、とか。繰り下がりでつまずいているから、この計算ができないな、とか。四角形の面積の求め方があやふやだから台形の面積が求められない、とか。算数だったら、この子たちの前を知らなくても「できないな」と思えば戻ろうとする。ところが国語の場合は、この説明文を読めない子どもがいたとしても戻らない。集団として読む力がないとしても、どこに戻っていいかわからない。「○○がしっかりと身についていないから、いま五年生の説明文を読めないんだな。だったら、あの教材をもってきて復習しよう。そして、またこの本編に戻ってこよう」という発想がなかなかもてない。五年生の説明文を読めないのは、「長いから。言葉がむずかしいから」と諦めてしまう。系統的につける読みの力が共有されていないから戻れない。

個別指導や支援といっても国語では現実的に無理でしょう。漢字が書けないから漢字の練習させるくらいで、「説明文が読めないから、この集団をもう一度鍛え直してみよう。来週の二時間を使ってみよう」と戻れないのが現実でしょう。

弥延：先生たちも、どこに戻っていいかわからないんでしょうね。

二瓶：理科でも、例えば五年生の子どもたちがチンプンカンプンだったら「君たち三年生のときにちゃんとやってなかったね」と戻れるでしょう？　国語って一切戻らないものね。戻れないね。ほかの教科は戻れるでしょう？

藤井：理科とか算数とかは戻りやすいですね。

二瓶：社会だって、身近なところから地域へ広げて、日本へ、世界へというように広げていく。段階を踏もうとするから、戻れるんじゃないかな？　教科だったら、戻るところがあって当たり前なのに国語はないからね（苦笑）。

どこに戻るか、いつ戻るか

藤井：二瓶先生は『いろいろなふね』を学年に応じて使っていらっしゃいますが、僕は一年生で『いろいろなふね』を、三年生と五年生で『はたらくじどう車』を使っています。三年生で『はたらくじどう車』を使う際には、もちろん一年生で学んだ『いろいろなふね』に戻るのですが、二瓶先生の家の形のように横並びではなく、縦型にして部屋の形を並べてみたんです。縦型のビルの形にしてみると、同じ要素で、縦に並びました。一年生のときは「客船、フェリーボート、漁船、消防艇」が横に並んで「すごいな」だったのが、三年生になると「縦にも要素で揃うんだ」という驚きになった。「文章って見方を変えたら、縦にも横にも読めるな」というのを一度やってから、『はたらくじどう車』を読ませたら、子どもたちが「これも縦に並べられるんじゃないの?」と言い出しました。

二瓶：小部屋の一文目、二文目、三文目が色分けできるということだね。面白いね。

藤井：「じゃあ、ここに何が来る?」と言ったら、クイズではないけれど、当てはめられる。「縦に何がつながっているの?」と言ったときに、「ここは車の役割」「ここはどんな場所で使われているか」というように、子どもなりの言葉が出てくる。「誰が見てもわかるように、この色のところを縦に揃えていくにはどうしたらいいかな」「じゃあこれはこうだ」と言って、教科書に返る。「これは、文章のこういうふうに書いているところだから、縦のまとまりになっている」というように、家の考え方が基礎にある子は、文章が変わって、縦にしたときにも、揃えることができる。

二瓶：三つ並列だということが見える。一文目、二文目、三文目と見える。

藤井：それが対話なんじゃないかな、と思います。

二瓶：並べておいて「このように」とまとめがくる。美しいね。それこそ「しくみ」なんだよ。しくみって、形式的な段落、形式的な構成ではなくて、論の展開のしかたも含めたしくみ。役割が青で、つぎの説明を赤にしたら、青、赤と揃う。そして理由を黄色にしたら、青、赤、黄と揃うイメージ。その学びを私は『動物の体と気候』で行っています。

小部屋を三つに分けて、一つ目の小部屋は「体の形と環境との関係」、二つ目の小部屋は「体の大きさと環境との関係」、三つ目の小部屋は「体の毛と環境との関係」と名前をつけ、さらに小部屋の中を、小部屋の伝えたいことの中心である「柱」、「説明」、「具体例」というように検討を加えていく。すると、一つ目の小部屋は、柱、説明、具体例その1、その2、その3と構成されていることが見える。さらに、二つ目の小部屋は柱、具体例、説明と並ぶ。三つ目の小部屋では、柱、具体例、説明と並び、さらに一つの段落で柱・具体例・説明の全部をぎゅっとまとめているというところまでが読める。小部屋の説明のしかたを詳細に検討していくと、筆者の苦労が見えてくる。すると、初発に受け取った要旨を再度納得して受け取れる自分がいることに気づくんだよ、子どもたち自身が。

つまり、初発に受け取った要旨では、筆者の言いたいことをまだ納得して受け取っていない。小部屋を再度検討することで、説明を一つひとつたどっていくことで、結果として要旨を「なるほどな」と、納得して受け止めることができる。しくみを捉えるには「詳しい読みが必要だ」ということを、子どもたち自身が気づき、自力読みにつなげる学習材として『動物の体と気候』をとても大切にしています。

弥延：一日講座シリーズ6の「説明文授業づくり　実践編」に二瓶先生の学級の『動物の体と気候』の授業実践が詳しく載っていますね。

二瓶：だから今回の本からはあえて外したけれど、しくみを捉えるために『動物の体と気候』はとても重要な学習材。藤井先生の『はたらくじどう車』でビルをつくるという実践を『動物の体と気候』でやってみても面白い。横並びの家の形を縦型のビルにしてみる。

小部屋の中の関係性、つまり小部屋の中のいちばんはじめに柱が来て、説明と具体例がどう位置しているか。色分けするのも、これならイメージがわくんじゃないかな？

藤井：そうですね。

二瓶：それぞれの小部屋には、小部屋の中心になる事実（柱）と、その説明、具体例の三つの要素が書かれている。小部屋を縦に並べて色分けしてみると、この三つの要素は、順序が変わっても、必ず書かれていることがわかる。それぞれの小部屋の書き方もしっかりと考えて、色分けできる。こうして筆者の精いっぱいの表現の工夫までを読み取ることで、美しいしくみが見えてくる。

　同じ三つの要素を書くにしても順番を入れ替えたり、長さを変えたりしている。そのことがわかると『動物の体と気候』の本論の小部屋の書かれ方も含めて、「なるほどな」と美しく捉えられる。

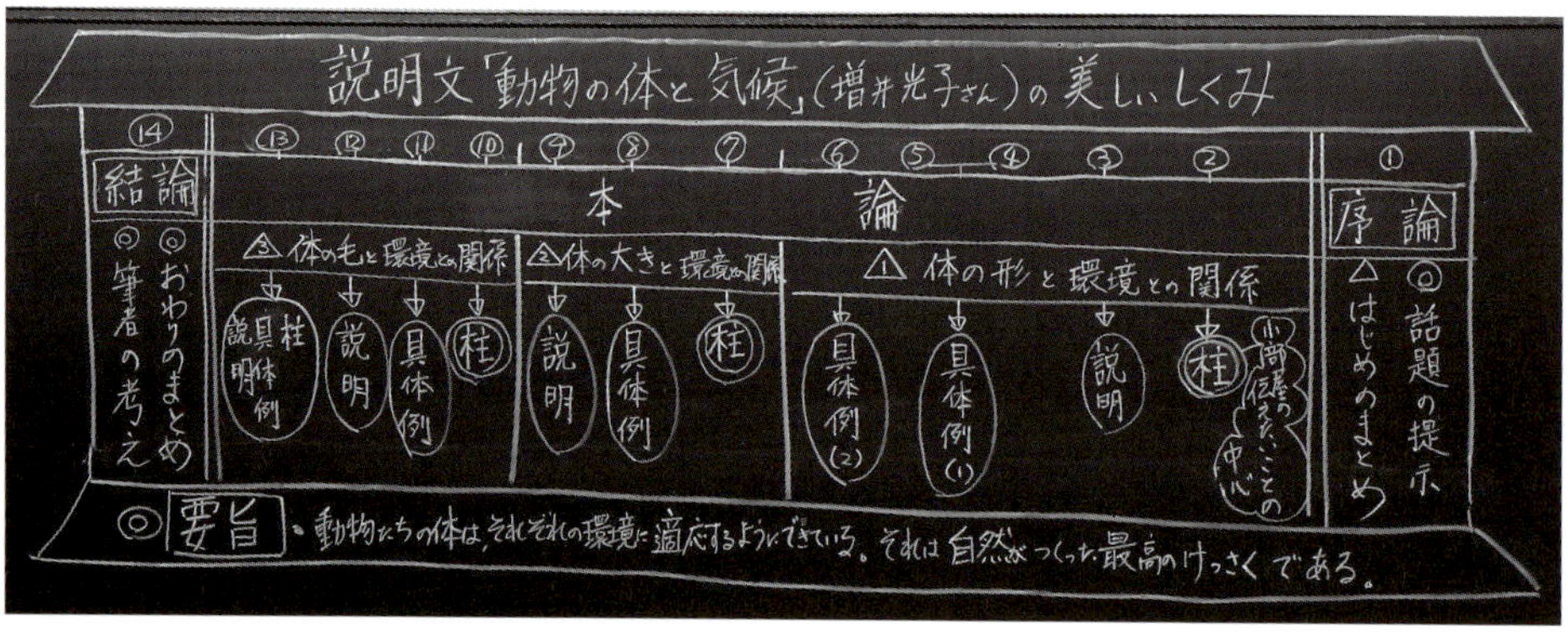

　本論が一つの説明文を『いろいろなふね』から始めて、二年生、三年生と学びを重ね、そのあと本論が二つに分かれている説明文を学び、真ん中のつなぎを知る必要がある。そうしたら五年生になって、本論1、本論2という説明文、長文になっても読める。長文が読めるということは極めて重要な高学年の段階の読みの力です。

藤井：実際長文になると読めない子どもが多くなりますね。読もうという意欲のわかない子もいます。

二瓶：長文は、筆者が伝えたいことを伝えるための精いっぱいの表現の工夫だ。「なんでこんなに長いの？」と問われたら、またはじめに戻ればいい。「説明文は、私に筆者が伝えたいことがあって、伝えるために精いっぱい工夫して書いた文章。だから長いのは、精いっぱいの筆者の思いだ」というふうに読めるかどうか。そのときの読み方、中部屋⑴、中部屋⑵、つなぎの段落、レッドカーペットの存在を教えることが、高学年では外せない。

　この発想は「教科書にこの長文が載っているから、この長文の要旨を捉えさせるためにはどうしようか」という話ではない。「説明文があるからどう教えるか」という発想ではなく、「教えたいことがあって、そのために恰好の教材がこれだ」という発想でないと授業は組めない。

　『やまなし』があるから、『やまなし』を四苦八苦して教えようという発想は間違い。六年生の物語の読みの力として、とても大事な力があって、その力を身につけさせるために『やまなし』は必要だという発想で、われわれは授業をしないといけない。物語には作品の力があるから、系統的に教えるということがむずかしいと言われる。でも、説明文はもっと明確にできるはずだ。

　「つけるべき力はこれだ、その力をつけるために、この教材は恰好である」という発想でないと授業はできない。本書はその提案でもあります。

六年間の見通しをもって教える

弥延：『めだか』の説明文で、つなぎのレッドカーペットの部分は、三年生の教科書ではさほどクローズアップはされていない。でも、あそこの読みはすごく大切で、高学年になって『めだか』をもう一回読ませたときに、つなぎの意味をおさえ直す必要があります。『めだか』でつなぎ段落を学んでおけば、次の説明文に出会ったときに、子どもたちは「ここは廊下の段落だ！」と言いますからね。二瓶先生のおっしゃるように、「学年に応じたつけたい力」ありきで、やらないとだめだな、と思います。

二瓶：その通り。だから『めだか』をもう一回もってくればいいんだ、『いろいろなふね』をもう一回もってくればいいんだ、という発想ですよ。それがこのような観点から読めることが四年生段階で絶対に必要だ。一年生なら『いろいろなふね』がこの力をつけるために必要だ。四年生段階では『めだか』を全国津々浦々でやってほしい。五年生の一学期には『動物の体と気候』をやってほしい（笑）。それくらい決めてほしいよ。それなのに「教材が変わった」と言って、みんな右往左往するのが現実ですからね。

　物語はいろいろあるけれど、説明文はある程度決めてもいいような気がするな。「このときに、この教材で、この用語も教えよう」と言いたい。

藤井：『いろいろなふね』くらいに下りてくると、教材が簡単じゃないですか。でも、五年生の『動物の体と気候』を、二〇年前くらいに、はじめて見たときは正直言ってわからなかったです（笑）。たぶん、子どもはそういう気持ちなんだろうなと思う。

　二瓶先生は「『いろいろなふね』に戻って、戻って」とずっとおっしゃっていますね。『いろいろなふね』に戻ることで、基本をしっかりつけて、それを『はたらくじどう車』につなげていったり、『くちばし』といった簡単なしくみのところから、国語の言葉としておさえていったり。何度も何度も聞こえてくるようにならないと、算数のように戻れない。もちろん算数のようになるのが目的ではないけれど、支援支援といって、読み仮名をふったり、音読したりということではなくて、説明文であれば、そのしくみが見えるようにしないといけないなと思う。基本をしっかりおさえておいて「こうも見える」「こんな家もできる」「縦に見ればビルのように見える」「階によって並び方が違っている」「となり合う家がもう一軒あってもいいんじゃないか？」という読みが出て、そんな議論があって、文章をイメージできる面白さが、読める子を育てるのではないかと。

二瓶：しっかり読んでいくと、もっと仕切りがほしくなるんだよ。大部屋があって、中部屋があって、小部屋のなかに、何か仕切りがほしくなる。「ここには何か仕切りがほしい」「レースのカーテンで薄い仕切りができないかな？」というように、小部屋の中に幾つかの仕切りをした読み方がほしくなる。こうやって長文の文章が読めるようになるんです。

　筆者は伝えたいために、これだけ言葉を吟味して、構成を考えている。小部屋の説明のしかたも、ほかの小部屋とのつながりや順番も考えながら、「ここまでやっているのか」と見えてくる。それはすべて、読者である私のため。「なるほどな」とわかってほしいために「ここまで吟味された美しい文章こそが説明文か」というのが、私は六年間のゴールだと思う。そのための教材・系統的な読みの力をしっかりともっていないとだめだろうね。

すると説明文の授業をつくるのが面白くなってくるんだ。この教材よりも、もっとこの教材の方がいい、あるいは既存の教材を使うよりも、教師が自分で書いた方がいい、と感じるようになる。クラスの実態に合わせた説明文を教師が書き、それを子どもにぶつけてみよう、といった発想になったら面白い。教科書の文章を勝手に削るわけにはいかないから「自分で書いちゃおう」という発想。この教材で、この段階で、このような系統的な説明文の読みの力をつけるために」という意識がはっきりしていれば、「この教材よりも、自分が考えたこの文章の方がよりいい」となるはず。これは物語では絶対に無理。物語は芸術作品だから、無理だけれど、説明文は場合によっては自分で書いた方がより力がつくということもある。

藤井：わかりやすいと思います。

二瓶：その工夫が始まって、それが校内研とか授業研で吟味され始めたら面白いだろうね。そのときは本物だよ。

活動の裏側にねらいはあるか？

藤井：国語の中で説明文を捉えたときに、二瓶先生と勉強するときは、教材のしくみの面白さとか「教材を読んでいること自体が楽しい」になるんだけれど、それを現場にもって行ったとき、いつも「課題だな」と自分が思うのは、「何か要約しよう」とか「要旨はどうだ」とかにポンと飛躍してしまうというか、別の世界に行くような感じになって…。文章に返っていく面白さではないところで活動が始まるような気がします。

作品がどう語りかけてきているか、これは物語と一緒だと、僕は思うんだけれど、「この説明文が何を自分に語りかけてきたか、この紙一枚にまとめてみよう」「何字くらいにまとめるとしたら、どうする？」「もっと手軽に持ち歩こうよ」といった感じでまとめる言語活動だったら、もっと子どもたちは乗ってきやすいと思います。でも、説明文というと「ポスターにしよう」とか、「もっと多読してもいいよ」とか、手引きに書いてあるから、「先生はいっぱい本を集めてきました」というようなことになってしまって。

二瓶：その教材を読んでいないんだよね。説明文って、情報を収集する一面もあるけれど、そうなると教材性が違ってくる。表現に発展させるような単元でも「説明文の読みあっての表現」だということを忘れてはならない。

必要な情報をさまざまな資料から抜き出すような情報収集は、また違う。基本はその説明文の書かれている言葉に戻ってくること。常に、書かれている説明文の言葉こそ、学びの対象にしないといけない。

藤井：一年生の『どうやってみをまもるのかな』で、教科書をちょっと発展させて、動物の説明を書くというのがありますね。スカンクだったら、どんな動物で、どんなことができて、敵に対してどういうふうに身を守っているか、といった構成になっているんだけれど、ある図鑑やほかの資料をもってきたときに、もっともっと情報がいろいろあって、選べなくなって、せっかく説明文で勉強したことがつながらずに、単なる調べ学習になってしまう。説明文の学びでポイントがおさえられていて、「これと同じ要素のところは、この図鑑でいったらどこかな」みたいにつなげていかないといけないわけです。

二瓶：そうだね。『どうやってみをまもるのかな』を学習材に授業をするとき、小部屋1，2，3のあとに4を考えてみようというのは面白い。全文を読んで美しいしくみを捉えなさい、というだけでなく「もう一つ小部屋があるとすれば何が書けるかな」「ここに書く動物は、なんの動物について書こうか」と、例を示して、ここに別の動物の身の守り方を書くとすればどう書けるかというと、子どもが面白そうにやります。

情報をもとにして書かせるときに、本論の意味段落が、ただなんとなく文が三つあるのではなくて、ちゃんと意識して三文なんだということを意識させる。そのことをはっきり見せるために低学年で「この書き方を使って、何かの動物の身の守り方を書いてみましょう」という学習が必要だ。

小部屋の書き方がちゃんと反復されている、説明すべき内容がちゃんと三文でおさえられていることを学んでいて、本論の展開のしかたも実は巧妙に吟味されて書かれているという読みにつながる学びをしている。子どもの活動としては楽しそうなんだけれど、実際やっていることは系統的なつけるべき読みの力と密接に関連していなければ、その活動も意味がない。

活動はつながっているんだ。「教科書の書き方を使って」ある動物の身の守り方を「三文で書いてみる」ことは絶対にはずしてはいけない。そこのところがわかっていないから、何かを書かせて「いっぱい書いてよかったね」とか「調べてよかったね」といった学びになってしまう。

藤井：もとの教材に合わせた表現をさせないと意味がないですよね。

二瓶：そのことも六年間の見通しの中に位置づけないといけないよね。六年間の見通しの中のいまは二年生をやっている。ある動物の身の守り方を「前の意味段落、小部屋の表現のしかたを意識して」書く。読むときには「意味段落の書き方さえも、三つの意味段落の関連を意識しながら書いている」という読み方につながる。

活動ということでいえば、段落の入れ替えをすることもある。例えば、説明があって、具体的な理由があって、例がある。ところが入れ替えをされると、本来あるべきはずの例がなくて済んでいる。「ここはおかしいんじゃないか?」「じゃあ並べ替えてみよう」と楽しく考えているけれど、これもつけるべき力を確実につけるために、クイズっぽくやっている。

消してみたり、入れ替えてみたり、というさまざまな手法を使わないと。子どもはつけたい力を前面に出してそのまま直球で投げてもなかなか乗ってこないから、乗ってくるための活動を考えるべきだと思う。学年にもよるだろうし、低学年はパンフレットをつくったり、図鑑をつくったりと、活動を大事にするけれど、それは「読みの力」をつけるための活動なんだということ。子どもが楽しそうにやっている、その裏側には教師のきちんとした指導のねらいがある。これなくしての楽しい活動には意味がない。

弥延：手引きとかがその形になっていないとできないこともありますね。

藤井：手引きといえば、手引きを見たときに、教師根性で「全部やってしまおう」とやってしまうのも課題。「二年生の時点ではこれで終わって、三年生、四年生になったときに、もう一度この教材に返ってこよう」という、二瓶先生のおっしゃる系統意識がないものだから、ついつい手引きを見て、あれもこれもと手を出したり、高学年になったら意見にまで戻さないといけない、となったり。一回の授業でたくさん取ってしまおうとする（笑）。

二瓶：なんでもかんでも詰め込んでしまうんだね。

弥延：それで時間も足りなくなってくる。

説明文こそ筆者意識を強くもとう

藤井：よく国語以外の先生から「どれをやったらいいんですか」と聞かれます。「一年生のこの教材って、中学年でも高学年でも使えるんですよ」ということを授業で見せておくと、「ああ、そこまで本当にいいんですか？」と言われます。「上の学年で、例えば『森林のおくりもの』でこういうふうに習うんだから、『いろいろなふね』でやっていることは生きますよ」というように見せてあげると、若い先生には喜ばれます。

弥延：『どうぶつの赤ちゃん』の学びの最後にカンガルーの赤ちゃんの例にそって文章を書いたりしますが、説明文のしくみをわかっていれば、「自分が述べたいこと、調べてきたこと、これを文章にして書こう」というときに、説明文の論の展開で書ける。そうではないと、たくさん書けたからOKとなってしまう。

藤井：書き方がわかっていないですよね。

弥延：だからこそ、いかにしくみを教えるか。

二瓶：伝えたいことの伝え方が学ばれていないんだろうね。説明文って作文教材でもあるよね。伝え方を学ぶということは、今度自分が伝える側の筆者になったとき「このように書けば、より伝わるわ」という学びになるから、それと作文を上手くからめたら、本物の力になっていくんだろうね。

　説明文って、物語よりももっと人を感じるべきだと思う。つまり、書いた人。説明文こそ、書き手を意識せよ、ということ。

　物語の作者意識の方を意識しがちだけれど、物語の作者は誰でもいい。物語の授業は作者意識を無視していい。少なくとも中学年までは、新美南吉であろうが、椋鳩十であろうが、一切関係ないのが物語の授業だ。

　頭の中にイメージ世界をつくりながら、さまざまに感動する。心がさまざまに揺れ動き、確かな感想をもてること、それが物語の学びの根幹。だから、作者の新美南吉さんはいらない。新美南吉さんが伝えたいことが『ごんぎつね』であるわけではないから。

　でも、説明文は筆者が大事。書いた人がいる。書いた人が伝えたい文章だから、書かれている言葉の一つひとつに人がいる。はじめにこんな序論があって、序論でこんなことを書いているのは、私に伝えたいからだ。「なんでこんな書き方をしているのだろう」「何を伝えたいために例の二つ目を挙げているんだろう」「ああそうなのか、いちばん後ろに書いてあるこのことを伝えたいためにこの例を挙げてきているんだな」という読み方。

　説明文はもっと人間臭いもののはずだ。でも、論理的な文章であるがゆえに、筆者意識をもたないままに、要旨をまとめようと、まるでクイズのようなことをやっている。われわれ授業者は、子どもたちにもっと筆者意識、書き手意識をもたせるべきだと思う。

　ごんに南吉の生き方は関係ないんだ。悲しさ、寂しさは、書かれている言葉からしか感じてはいけない。ところが説明文って、読むとそこに人がいる。文末表現一つとっても、その筆者らしさが感じられるでしょ？

弥延：指導書とかに、その説明文の筆者の情報が載っていると見ちゃいますよね。どういうことをしている人で、何を伝えたいがためにこんなことを書いたのかな、って。
藤井：見ますね（笑）。
二瓶：ただし、その情報は、子どもはもっていないからね。「この筆者は生きもののことが好きなんだろうな」「きっと大好きだから、生きものの説明文を書いたんだろうな」「それで生きものと一緒にすめる環境を大事にしようね、と言っているんだな」「生きものが大好きで、ひょっとすると動物園の仕事をしている人かな」という読み方が大事。

説明文って、もっとあったかいんだと思う。だから、美しいしくみは機械的な文章構成図とは違うんだ。精いっぱいに美しいしくみを捉えてみる。そのことは筆者の伝えたいことを納得して受け取れるための重要な術だ、という意識でやらないとだめなんだろうね。

藤井：子どもの感性からすると、筆者意識をもって説明文を読むと、読書経験や自分の実体験ともつなぎやすいですよね。
二瓶：会ったことはないけれど、その人が伝えたいことはこんなことで、私はこんなふうに思ったよ、とその人に対して自分の感想をもってあげなきゃ、という読み方が大事。

物語の感想を作者に伝えたいとは思わない。「私はこう読んだ」と友達と交流しよう、だよ。でも、説明文の感想や意見は仲間同士で伝え合うだけのものではなく、筆者に届けたいものなんだ。意見・感想をもとう、というのは、筆者にもし会えたら伝えることだよ。筆者意識をもって、筆者にもし会ったら言ってあげよう。「ありがとう」でも「へー」でもいいから、筆者に何かを返せるような読みをしようということ。「へー、そんなことあるんだ！」ということを仲間と交流し合ってもしかたがないでしょ？
藤井：以前、ある説明文の筆者に文章引用の許諾のお願いをしたことがあるんです。ものすごく達筆な字で「どうぞご自由にお使いください」という葉書をいただいて、僕自身その方との距離感がものすごく縮まったのを感じました。物語の作者の方が強いように思っていたけれど、いま二瓶先生のお話を伺っていて筆者を大切にすべきなんだな、と感じました。僕がいただいた葉書のように、子どもたちが筆者に対するイメージを共有できたら、もっと興味をもって読めるでしょうね。
二瓶：そうだね。先ほどお話ししたように、基本的には物語に書き手意識はいらない。ところが年齢が上がって、作者情報をもって物語を読むと、もたないで読んだときと感想が違う。主題、受け取る「作品の心」が違う。これって、ものすごく面白いんだ。知ったら変わるから。

もう一つは、同じ作者の別の作品を読んだら、一つの作品の感想が変わるというのもある。これも面白い体験だ。でも、そのためには、ある物語を読んで自分の感想をもつという読みの体験があるのが前提。

作者情報を知ったら感想が変わる。複数の同じ作者の作品を読み比べたら、最初に読んだ作品の感想が大きく変わる。この学びを、どこの段階でさせるかを教師の側が考えないといけない。

藤井：単元の中でということですか？

二瓶：いや、低・中・高学年の系統の中で。それも「どの段階で、かつ作者は誰で」というのをこちらがしっかり検討して読ませないといけない。

作者を知らなくても物語は読める。でも作者を知ったら変わる。司馬遼太郎の戦争観をエッセイで読んで、あらためて作品を読んだら感想が変わるように、大人になったら当たり前のようにそういう読み方をする。太宰治を知って太宰治を読む。太宰を知らないと『斜陽』は面白くない、というか、もったいない。太宰の生き方を意識しながら『斜陽』の世界を読むとどっぷり浸れるし、強い感想ももてる。作者がものすごく作品に絡んでくる、その読み方は大人の読み方。でも、小学生段階では作者意識はいらないと思う。作者を意識するよりも、言葉から感想をもつのが基本。物語に書き手意識をもたせようとする場合は、意図的にやらないといけない。

藤井：宮沢賢治の伝記が出てきた辺りからですかね。

二瓶：そうだね。作者を意識した読み方を始めるのが五年生の伝記の学びだけれど、その時点でも作者意識をもった読みは早いのかもしれない。中学校に行ったら文学史も学ぶから、作者意識を明確にもつのは作家と作品という観点で学び始めるころからでいいのかな、と思ったりもする。

宮沢賢治の生き方を学んで『やまなし』が読めますか？　やはり『やまなし』自体を読ませた方がいいと思う。賢治をもってくるから、わけがわからなくなってしまう。『ごんぎつね』に新美南吉をもってくるのも、むずかしいと思う。すごく偏った、恣意的な読みになってしまったら面白くない。「母への愛」なんて読んでしまうのはやめてほしい。

作品世界を味わうということを大事にしたい。石川啄木の短歌を石川啄木の情報なしで読んだ方がいい。小学校段階では、作品そのものから受け取った方がいい。作者を知って読むのは、小学校段階では早すぎると思う。作者情報を与えるのは、考えた方がいい。

でも、「説明文は人なり」だよ。「でもね」という筆者に対する感想意見をもってもいいんだ、という学び。伝え方の改善点を、言葉を選んで筆者に伝えようという学びも高学年で必要。その学びをさせるためには教科書教材では無理でしょう？　教科書教材に改善点を探すこと自体、下手すると、重箱の隅をつついたような、批判ありきのいやらしい読み方になる。教科書の説明文は優れた文章だから、改善点を探そうとすると、無理がある。学んできたことを活かすと、明らかにこの伝え方について異論がありそうという教材を使ってほしい。これならば、筆者に伝えると筆者も「うん、そうかもな」と思ってくれるような、改善点のあるものをつくろうよ。

弥延：二瓶先生の「丘椎三さん」のようにということですね。

今日は二瓶先生のお話を伺い、説明文の系統的な学びの大切さをあらためて痛感しました。現場の中に「系統的な学びは大事だ」という意識はあっても、温度差もあり、なかなか根づかずジレンマも感じますが、頑張っていきたいです。ありがとうございました。

藤井：説明文が美しいという基本に立ち返り、発信していきたいと思います。楽しい学びとなりました。ありがとうございました。

二瓶：こちらこそ、ありがとうございました。また、ともに学びましょう。

小学校6年間で獲得させたい

説明文「自力読み」の学習過程

―筑波大学附属小学校・二瓶弘行学級 改訂版（2016年）―

① 基本構成「序論・本論・結論」を大まかに把握する。

＊三つの大きな部屋「はじめ・説明・終わり」

② 序論（はじめ）と結論（終わり）の性格を把握する。

○「序論」の典型的な三つの性格

①話題の提示　②大きな問いの投げかけ　③はじめのまとめ

○「結論」の典型的な三つの性格

①終わりのまとめ　②大きな問いの答え　③筆者の考え・メッセージ

③ 意味段落に分け、小見出しをつける。（部屋の名前）

＊中部屋・小部屋（意味段落）の名前（小見出し）

○重要語句・大切な言葉への着目

（反復される言葉・題名と関連する言葉）

○意味段落相互の関係（兄弟姉妹のように）

○結論部分（特に「終わりの大部屋」）の重視

④ 意味段落の論の展開を検討する。（部屋の並べ方）

○順序性（時間的順序・事柄の順序）

（「ナンバリング」「一般から抽象へ」「身近な例から」）

○意見と事実（意見とその根拠・理由となる事実）

○原因と結果

○指示語（こそあど言葉）の意味

○接続語（つなぎ言葉）の役割

⑤ 意味段落の要点をまとめる。（部屋の一文要約）

○意味段落の小見出し（部屋の名前）をもとに。

⑥ 文章全体を要約する。

○意味段落の要点（部屋の一文要約）をもとに。

⑦ 文章の中心（要旨）をとらえる。

○筆者の伝えたい「事実」、「考え・意見」の中心

⑧ 筆者へのメッセージをまとめる。

○筆者の伝えたいことについて、自分の意見をまとめる。

○伝え方（論の展開のしかた）について、意見をまとめる。

著者紹介

二瓶 弘行（にへい・ひろゆき）

1957年新潟県生まれ。早稲田大学第一文学部卒業。新潟県内の公立小学校に勤務。

その後、上越教育大学大学院の修士課程を修了。1994年から筑波大学附属小学校教諭、現在に至る。

筑波大学非常勤講師、共愛学園前橋国際大学非常勤講師、全国国語授業研究会理事、国語教室ネットワーク「ひろがれ国語」代表、小学校教師授業づくり研究会会長、国語“夢”塾塾長。

『“夢”の国語教室創造記』『いまを生きるあなたへ贈る詩50』『いまを生きるあなたへ　続贈る詩50』『二瓶弘行の国語授業のつくり方』『二瓶弘行の物語授業　教材研究の条件』『贈る詩　あなたへの言の葉』『二瓶弘行国語教室からの提案　物語の「自力読み」の力を獲得させよ』『最良の教材で、最高の「言葉の力」を育む国語授業』（東洋館出版社）、『言語活動アイデア事典』（明治図書）、『お母さんと一緒の読解力教室』（新潮社）、『二瓶弘行の説明文一日講座』『二瓶弘行の物語　授業づくり一日講座』『二瓶弘行と国語“夢”塾の対話　授業づくり一日講座』『二瓶弘行の物語授業づくり　入門編』『二瓶弘行と国語“夢”塾の物語授業づくり　実践編』『二瓶弘行と国語“夢”塾の説明文授業づくり実践編』『二瓶弘行の系統的に育てる「物語の読みの力」』（文溪堂）など著書多数。

＊

写真／佐藤正三（スタジオオレンジ）

装丁・デザイン／川尻まなみ（株式会社コスミカ）

DTP／三浦明子（株式会社コスミカ）

編集協力／池田直子（株式会社装文社）

二瓶弘行の系統的に育てる「説明文の読みの力」
〜これならできる！　小学校6年間の指導計画〜

2016年7月　第1刷発行

著　者	二瓶弘行
発行者	川元行雄
発行所	株式会社**文溪堂**
	東京本社／東京都文京区大塚 3-16-12　〒112-8635　TEL（03）5976-1311（代）
	岐阜本社／岐阜県羽島市江吉良町江中 7-1　〒501-6297　TEL（058）398-1111（代）
	大阪支社／大阪府東大阪市今米 2-7-24　〒578-0903　TEL（072）966-2111（代）
	ぶんけいホームページ　http://www.bunkei.co.jp/
印刷・製本	サンメッセ株式会社

ISBN978-4-7999-0186-1　NDC375　128P　235mm × 182mm